AF138879

Ich helfe Dir Deine Trauer zu lindern

Unerträglichen Schmerz in Süße oder Liebesgefühle umwandeln

Buch

Nach zwei Nahtoderlebnissen durch einen Herzstillstand 1988, habe ich mir zur Aufgabe gestellt, sterbenden und trauernden Menschen eine Tür zu öffnen, damit sie Abschied und Tod von einer anderen Seite wahrnehmen können. Deshalb habe ich außer Trauergesprächen mindestens einen Artikel ins monatliche Infoblatt der „Arbeitsgemeinschaft Haus des Friedens" gestellt, einige habe ich in diesem Buch eingefügt.

Nicht nur durch den Tod von Menschen wird Trauer ausgelöst, auch der Tod eines Tieres kann Trauer bewirken. Jeder Abschied verursacht mehr oder weniger Trauer. Das kann vom Tod eines Menschen oder Tieres, bis zum Verlassen des Elternhauses, Verlust der Arbeitsstelle u.s.w. reichen.

Ich habe gelernt, wie man mit Trauer umgehen kann, damit sie von „tief schmerzender Trauer" zur „süßen Trauer" werden kann.

Auf meiner Website www.hausdesfriedens.at erfahren Sie, welche Workshops ich zu diesem Thema anbiete, Sie können sich aber auch zu einem kostenlosen Trauergespräch per eMail bei mir melden.

Ilse Jedlicka
1210 Wien
Telefon: 043 01 319 42 11
E-Mail: jedlicka@hausdesfriedens.at
http://www.hausdesfriedens.at
Februar 2015

Herstellung und Verlag:
BoD – Books on Demand, Norderstedt

ISBN: 9783734737015

Meine Tochter meinte einmal:
„Die Trauer ist eigentlich Egoismus."
Sie hat recht, aber hat sich der Verstorbene,
den man so egoistisch vermisst, nicht verdient,
dass wir um ihn trauern?

In der Zeit der Trauer sind wir in Gedanken
und im Gebet besonders eng mit ihm verbunden
und können ihm vielleicht dadurch
zur ewigen Seligkeit verhelfen.

Für uns Hinterbliebene ist die Trauer,
Zeit zum Abschied nehmen.

Inhalt

Buch 3

Vorwort 8

Gott hat uns das Leben auferlegt 10

Nahtod Kurztod Todesnah 12

Der Tod Krönung des Lebens 16

Ich bin unsterblich 19

Loslassen 21

Ich trage dich immer im Herzen 25

Der kleine Prinz 28

Liebe - der einzige Weg in die Herrlichkeit 29

Falscher Ehrgeiz vieler Ärzte 32

Abschied für immer 34

Wann war der Todestag? 45

Abraham und Isaak 47

Der Herr segne Dich 51

Krankheit als Begegnung 53

Weshalb die Trauer schmerzt 56

Schuldgefühle 57

Der Tod meines Kletterpartners 64

Ein Schnippchen geschlagen 69

Das Trauerjahr 70

Fasching und Passion 75

Unsere trauernden Kinder 77

Tod eines Kleinkindes. 78

Dankbarkeit hilft in der Trauer 80

Die Seele ist es, die ewig existiert 83

Abschied nehmen auf Distanz 84

Allerheiligen 87

Einsamkeit 94

Geschieden und wieder verheiratet 100

Frau Maria 104

Mahn - Wache 110

Hier könnte jeder Name stehen. 111

Leben statt sterben 115

Hoffnung 117

Bewusst verabschieden 119

Ich darf mich verabschieden 119

Autorin.. 120
Meine anderen Bücher zu lesen 121
Quellennachweis 122

Vorwort

Ich gehe davon aus, dass Sie dieses Buch gekauft haben, weil Sie einen Angehörigen in der Trauer begleiten, oder weil sie gerade selber trauern. Wahrscheinlich ist es für beide Situationen am hilfreichsten, wenn ich auch über den Tod und das Danach nach meinen Ansichten und Wahrnehmungen schreibe. Sie werden dadurch verstehen, dass das Sterben, das heißt, der Tod ist ganz nahe, keine Angst verursachen muss. Sie werden dadurch auch merken, dass die Trauer nicht unbedingt nur Schmerz verursacht. Das Sterben, genauso wie die Trauer, können anstatt Panik oder untragbaren Schmerz, eine – ich nenne es, Süße erhalten oder Liebesgefühle auslösen.

Hier gehe ich mehr auf die Trauer ein. Wenn Sie gerade jemanden das letzte Stück seines Lebens oder beim Sterben begleiten, empfehle ich Ihnen, mein Buch „Tod Krone des Leben" zu lesen, da befasse ich mich intensiver mit Sterben und Tod.

Nun möchte ich beschreiben, weshalb ich mich befugt fühle, Sie in Ihrer Trauer zu begleiten und zu helfen, den Schmerz zu lindern.
In meiner Jugend wünschte ich mir oft, dass ich den Bauchtyphus, an dem ich mit acht Jahren erkrankt war, nicht überstanden hätte. Die Ärzte meinten damals, wenn ich zwei Stunden später ins Krankenhaus gebracht worden wäre, hätte ich nicht überlebt. Mit sechzehn wurde mir nach zwei Selbstmordversuchen bewusst, dass ich auf einmal Angst vorm Sterben hatte. Das blieb so, bis ich 1988 bei einem Unfall einen Herzstillstand und zwei Nahtoderlebnisse hatte. Seither habe ich eine Todessehnsucht, bin aber nicht suizidgefährdet. Im Gegenteil, das hat mich im März 1992 bewogen, ehrenamtlich als Sterbe- und Trauerbegleiterin zu dienen.

Ich wollte durch meine eigenen Todeserlebnisse und der anschließenden Todessehnsucht, den Sterbenden die Angst vor dem Tod nehmen und den Hinterbliebenen bei der Trauerbewältigung beistehen.

Mit der Trauer wurde ich in meinem bisherigen Leben oft konfrontiert. Am intensivsten durch den plötzlichen Tod meines Kletterpartners. Näheres beschreibe ich unter: „Der Tod meines Kletterpartners".

Ich kann im Vorwort nicht alles unterbringen, was ich durch Trauer erfahren habe und Ihnen weitergeben kann, daher lesen Sie bitte in diesem Buch weiter.

Gott hat uns das Leben auferlegt

Es liegt in der Natur des Menschen zu glauben, wir wurden geboren um zu leben. Höre ich aber auf die sanfte Stimme Gottes die mir sagt, dass nicht das Leben der Sinn unseres Daseins ist, sondern das, was danach kommt, dann ist mir klar warum es so wichtig ist, wie ich dieses Leben lebe oder gestalte.

Im Schöpfungsbericht steht, dass wir einmal Wesen waren ohne Ach und Weh. Gott hat uns mit dem Sündenfall nicht den Tod auferlegt, sondern das Leben - mit Kummer und Sorgen. Nun müssen wir unter Schmerzen die Kinder gebären und im Schweiße unseres Angesichts das Brot verdienen. In seiner Liebe zu uns Menschen, hat er uns aber die Liebe und die Freude dazugegeben.

Nicht zu vergessen - die Chance, durch unser hiesiges Leben die Herrlichkeit nach dem Tode wieder erfahren zu dürfen. Unser hiesiges Leben wertschätzend, sinn- und tugendvoll gestalten. Ich glaube, dann kommen wir wieder dorthin, wo es kein Ach und Weh gibt – ins Paradies.

Wenn ich gefragt werde, ob es „Ein Leben Danach" gibt, antworte ich jedes Mal: „Ich glaube, ich durfte die Schwelle des Lebens überschreiten und für einen Augenblick spüren, wie es danach sein wird. Nämlich ein Sein und kein Leben. Keine Wünsche, kein Verlangen, keinen Schmerz. Sogar die Freude fehlt. Doch gibt es den Zustand des Seins, eingebettet in unbeschreiblicher Geborgenheit und Schönheit."

In der Bibel steht auch, dass wir das Menschsein leben müssen, um wieder ins Paradies gelangen zu dürfen. Viele Menschen sind der Meinung, dass wir das in einem Leben gar nicht schaffen. Andere wiederum glauben, dass wir vom Licht der Sonne angezogen werden, um mit Energie aufgeladen und wieder ins Leben geschickt zu werden. Eines haben alle diese Menschen gemeinsam, den Glauben an ein „Danach", den Glauben an Gott!

Menschen die an kein „Danach" glauben bedaure ich sehr, denn sie haben keine Hoffnung. Sie klammern sich an das Leben, der Tod ist für sie das Ende. Beim Schreiben wurde mir die Zweisinnigkeit des Wortes „Sein" bewusst. „Sein" als Existenz und „SEIN" als Ausdruck für Gott.

Nahtod Kurztod Todesnah

„Tod, was kommt danach" war das Thema vor einigen Jahren in der Zeitschrift Dialog. Geschrieben wurde über Nahtoderlebnisse und die Meinung war, dass all jene Menschen, die so ein Erlebnis haben durften nicht wirklich tot waren, sonst würden sie ja jetzt nicht mehr leben.

Ich glaube, es gibt einen Unterschied zwischen Minuten- oder Sekundentod und Nahtoderlebnis bzw. Todesnaherlebnis. Der Kurztod, Minuten- oder Sekundentod entsteht bei Herzstillstand, je nachdem, wie lange dieser Herzstillstand anhält. Also überlebt man den Tod. Nahtoderlebnis bzw. Todesnaherlebnis bedeutet wie die Worte schon sagen, dass man dem Tod sehr nahe war, aber nicht tot war. Das Herz hatte nicht aufgehört zu schlagen. Üblicherweise wird im Sprachgebrauch jedoch kein Unterschied gemacht. All das wird als Nahtod- oder Todesnaherlebnis bezeichnet.

Obwohl ich selber im März 1988 bei einem Unfall den Tod überlebt habe, kann ich nicht sagen, ob es Einbildung, oder welch anderer Vorgang im Körper es war, dass ich fühlte oder glaubte, tot zu sein. Ich war eingehüllt in die Liebe Gottes. Ich fühlte plötzlich keinen Schmerz mehr und auch meinen Körper konnte ich nicht spüren. Ich war irgendwo oben und dachte: „Wo bin ich da, bin ich in den Wolken?" Schnell habe ich mich geistig von meinen Kindern verabschiedet, weil mein Körper schon tot war und das Hirn das letzte ist, das abstirbt. Gleichzeitig fühlte ich das, was ich „die Geborgenheit Gottes" nenne. Ich war sehr bestürzt, als mich Gott wieder auf die Erde fallen ließ. „Ich habe die Tür nicht zugemacht", sagte ich ganz spontan zu der Kriminalbeamtin, die mich, als ich nach einigen Tagen wieder klar denken konnte im Krankenhaus zu dem Unfall einvernommen hatte.

Ich glaube nur eines zu wissen, dass hinter allem ein Sinn steckt. Wir sehen ihn nur oft nicht oder erst später. Der Sinn, dass ich den Tod überlebt habe, war meiner Meinung nach jener, dadurch Menschen „die Tür zum Himmel" öffnen zu können. Jetzt beim Schreiben wird mir der Zusammenhang klar, warum ich sagte: „Ich habe die Tür nicht zugemacht."

Wenn ich mit Menschen über den Tod und das Danach spreche, so ist es oft meine Begeisterung und die Freude in meinen Augen, die dem Gesprächspartner eine andere Ansichtsweise über den Tod vermitteln. Mir wird von Christen oft gesagt, dass ihnen die Lehre über die Auferstehung Christi keine Beziehung zum Jenseits vermittelt, doch meine Ausstrahlung wenn ich über den Tod rede, macht spürbar was uns im Jenseits erwartet.

Ich glaube, und das sagt wohl auch die christliche Lehre, wie ich mein Leben lebe, dementsprechend wird es mir im Jenseits ergehen. Deshalb bin ich noch mehr bemüht als vor dem Unfall, Gott wahr-zu-nehmen und nach seinem Willen zu leben.

Mein Leben war schon im Mutterleib bestimmt diesen Weg zu gehen. Wahrscheinlich sogar schon vorher. Es ist bemerkenswert von vier Kindern das einzige Wunschkind zu sein, obwohl ich nicht das älteste bin. Mit sechs Wochen fast verhungert, mit acht Jahren fast an Typhus gestorben zu sein und anschließend bis zur Pubertät eine Todessehnsucht zu spüren. Erst in der Pubertät, als ich mir zwei Mal das Leben nehmen wollte und die dreißig Stück Schmerztabletten wieder gewollt erbrochen habe, wurde mir bewusst: „Ich habe Angst vorm Sterben. Was kommt danach? Bin ich einsam? Ist es dunkel?" Durch die Erziehung wurde ich oft von der Wahrnehmung Gottes abgedrängt. Ich musste „schlagfertig" sein, schnell denkend und reagierend, geschäftstüchtig und gewandt.

Als ich jedoch immer mehr und mehr merkte, die Lebensweise meiner Eltern und meiner Geschwister ist nicht identisch mit meiner, habe ich mich immer mehr zurückgezogen. Als dann noch ein Freund und Kletterpartner verunglückte weil ich Schicksal spielen wollte, fühlte ich mich für seinen Tod verantwortlich. Dabei litt ich unsagbar daran, meinen Fehler nicht mehr rückgängig und meine Worte nicht mehr ungesagt machen zu können. Ich glaubte keine Möglichkeit zu haben, um mich bei ihm zu entschuldigen. Nach seinem Tod konnte ich ein Jahr lang kein lautes Wort aussprechen. Alle Ärzte die ich aufsuchte, weil keine Medikamente wirkten, meinten, es sei eine Kehlkopfentzündung. Nach einem Jahr war die „Sprachlosigkeit" vorbei. Das Trauerjahr dauert auch etwa ein Jahr. Heute weiß ich, dass ich mich mit der Sprachlosigkeit unbewusst dafür bestrafte, dass ich Worte ausgesprochen hatte, die ich bitter bereute. Die Schuldgefühle waren es, die mich sprachlos werden ließen.

Nach dem Tod meines Kletterpartners veränderte ich meine anerzogenen Eigenschaften in jene, wie sie für mich richtig waren und heute noch sind. Das glaube ich war der Grund, dass ich mich oft verletzen ließ, um nichts zu sagen was ich bereuen würde, wenn ich oder ein anderer Mensch stirbt. Das war aber wahrscheinlich auch der Grund, weshalb ich beim Unfall einen Schritt ins Jenseits tun durfte.
Diese Erfahrungen sind es immer wieder, die Sterbenden Hoffnung machen und Mut geben. Aber nicht nur Sterbenden, auch anderen Menschen z.B. bei Begleitgesprächen dienen meine Wahrnehmungen und Erkenntnisse dafür, ihr Leben „bewusster" zu gestalten.
Ich bin der Meinung, dass ich beim Herzstillstand hinter den Vorhang des Lebens bzw. Todes sehen durfte, weil Gott mir damit etwas bewusst machen wollte. Das höre ich auch oft von anderen Menschen mit Nahtod-Erlebnissen. Viele sagen dazu, dass sie bisher niemandem davon erzählt hätten, aus Angst man würde

sie für geistesgestört erklären. Doch alle mit denen ich gesprochen habe, haben durch dieses Erlebnis ihre Lebensweise verändert. Das erfahre ich auch oft von den Menschen, die ich in ihrer Trauer begleite. Die Begegnung mit dem Tod hat ihr Bewusstsein verändert. Meine Tochter war fünfzehn Jahre alt. Nach dem plötzlichen Tod eines ihr bekannten jungen Mannes aus meinem Heimatort, anschließend dem frühen Tod ihrer Tante (die Frau meines Bruders) durch Krebs und zuletzt dem Tod eines Freundes meiner Tochter, hatte sie selber einen schweren Unfall durch ein Wunder überlebt. Ich hatte ihr zwei Tage vorher eine Winterjacke gekauft, obwohl es erst Oktober war. Nachdem sie ihr so gut gefiel, nicht weil ihr kalt war, erklärte sie mir damals, zog sie diese Jacke an. Dadurch wurden einige Wirbel nur angeknackst, sonst wäre sie tot oder gelähmt. Drei Mädchen waren in dem Auto, das meine Nichte lenkte und 120 km/h fuhr. Die drei Mädchen waren nicht angegurtet. Die Gendarmerie zeigte mir die Fotos von der Unglückstelle und von dem zusammengedrückten Auto, mit den Worten: „Da muss ein Wunder geschehen sein, dass diese Mädchen den Sturz überlebt haben." Die drei Mädchen sind der Meinung, dass es die drei Verstorbenen waren, die sie beschützt haben. Meine Tochter erzählte mir, dass sie durch einen dunklen Tunnel getrudelt ist, bei dem vorne ein helles Licht war und davor drei Silhouetten. Eine davon sagte: „Du darfst noch nicht hinein, du hast noch etwas zu tun." Meine Tochter hat statt der künstlerischen Laufbahn die helfende eingeschlagen, sie wurde Sozialarbeiterin.

Es kam noch ein Argument hinzu, worüber wir beide vor kurzem erst wieder unsere Meinungen austauschten (was wir beide sehr oft und mit Freude tun), nämlich, welche Hilfe für Bewusstseinsänderung es statt der Todesstrafe gibt. Sie will es durch die Arbeit mit Strafentlassenen erfahren bzw. ermitteln.

Der Tod Krönung des Lebens

Zurzeit leben wir als Gesellschaft, für die Sterben und Tod eine Schande oder Strafe, für - ich weiß nicht was - ist. Aber alle Menschen, nicht nur die bösen oder schlechten, sterben. Der Fortschritt hat uns so viel Erleichterung beschert, dass wir das Gefühl haben, das ach so interessante Leben soll doch nie aufhören.

Als mein Vater siebenundachtzig Jahre alt war, tanzte er wie ein Fünfzigjähriger. Gestorben ist er mit zweiundneunzig Jahren. Mit fünfundsiebzig jammerte er mit schmerzverzerrter Stimme, so oft ich ihn anrief über seine Schmerzen in den Knien und sagte, dass er gar nicht mehr leben möchte. Er erzählte mir, dass der Hausarzt immer nur sagt: „Na ja, wir sind halt schon alt, da kann man nichts machen." Der Hausarzt war damals ca. vierzig Jahre alt. Zu dieser Zeit lebte ich in Kärnten und mein Vater in Niederösterreich. Ich rief den Hausarzt in Niederösterreich an und möchte fast wortgetreu wiederholen, was ich damals zu ihm sagte:

„Guten Tag Herr Doktor, ich heiße Ilse Jedlicka und bin die Tochter ihres Patienten Ludwig Girsch. Mein Vater klagt bei jedem Gespräch über seine Fußschmerzen und kann ohne Stock nicht mehr gehen. Er erzählte mir, dass sie immer zu ihm sagen: „Wir sind halt schon alt." Herr Doktor, mein Vater ist alt, aber weder sie noch ich sind alt und wissen gar nicht, was alt sein heißt. Deshalb bitte, sagen sie nicht mehr, wir sind halt schon alt zu ihm. Aber sagen sie mir, gibt es trotz des Alters, Papa ist 75 Jahre alt, eine Hilfe? Ich bin nämlich der Meinung, nachdem mein Vater fast sein Leben lang in die Krankenkasse eingezahlt hat, hat er wohl ein Recht, wenn es in diesem Alter noch eine Möglichkeit gibt, Schmerzen zu lindern oder zu heilen, dieses in Anspruch zu nehmen. Mein Vater ist Groß- und Urgroßvater und ich möchte, dass wir alle Freude an Gesprächen mit ihm haben können. Dass wir, wo wir selber im Berufsleben und im Stress des Alltags stehen, zum alten Vater gehen können und er uns die Ruhe vermittelt, die Väter, wenn sie schon Großväter sind, vermitteln. Auch wenn es nur kurze Zeit ist, die mein Vater durch eine Operation schmerzfrei erleben darf, jeder Tag ohne Schmerzen ist ein gewonnener Tag."

Ich habe dazwischen schon Atem geholt. Auch dem Arzt habe ich Gelegenheit gegeben seine Meinung zu äußern. Beim nächsten Besuch meines Vaters bekam er die Überweisung ins Krankenhaus. Es wurde ihm eine Hüfte operiert. Papa hatte Angst beide auf einmal operieren zu lassen. Ein Jahr danach die zweite Hüfte. Nach den Operationen tanzte er wie ein Junger. Vom Sterben wollte er nichts mehr wissen.

Eines Nachmittags wurde ich von der Leiterin eines Seniorenheimes angerufen, eine ihrer Bewohnerinnen, eine sechsundneunzig jährige Dame, war bis vor kurzem noch sehr agil, ist aber jetzt krank und wird nicht mehr gesund werden. Diese Frau hätte aber Angst vor dem Sterben. Da sie eine sehr nette Frau ist, möchte ihr die Leiterin helfen. Sie meinte, ob ich mit der sterbenden sechsundneunzig jährigen Frau sprechen könnte. Ich war gerade mitten im Wohnungsrenovieren. Die Wohnung war ein Schutthaufen und wo noch Platz war, arbeiteten die Handwerker, die ich keinen Moment aus den Augen lassen durfte, weil so viel verkehrt lief. Trotzdem setzte ich mich ins Auto und fuhr von der Pragerstraße im 21. Bezirk, in die Baumgartnerstraße im 15. Bezirk. Erst sprach ich mit der Heimleiterin, dann mit der jungen Pflegerin die gerade Dienst in dem Trakt hatte, wo die besagte alte Dame wohnte.
Nun stellte ich mich bei dieser Dame vor. Ich begann ein Gespräch mit ihr und schon nach kurzer Zeit ihres Erzählens hielten wir uns bei der Hand, obwohl ich den Eindruck hatte, sie dürfte eine stolze Frau gewesen sein. Ich horchte während ihres Erzählens über ihre Vergangenheit in sie hinein. Ich selber erzählte ihr von

17

meiner Vorstellung vom Jenseits, dass ich der Meinung bin, der Tod ist eine Gnade und keine Strafe für mich usw. In dieser ganzen Zeit spürte ich immer mehr, dass diese Frau keine Angst vor dem Sterben hatte, sondern sie wollte nur nicht aufhören zu leben. Als ich noch darüber nachdachte, wie ich damit umgehen sollte, sagte sie: „Wissen Sie, ich hatte halt ein sehr schönes Leben, aber auch wenn ich nicht sterben würde, dieses schöne Leben ist vorbei, weil ich alt und außerdem noch krank bin." Da musste ich lächeln und antwortete ihr: „Wenn ihr Leben schon so schön war, wie schön muss es nach meiner Vorstellung dann erst Danach sein?" Wir lachten beide herzlich darüber. Kurze Zeit danach, wieder als würde sie meine Gedanken erraten, meinte sie, dass sie müde sei. Ich verließ sie mit guten Wünschen, sagte ihr, wenn sie wieder mit mir sprechen möchte, sollte sie es der Leiterin sagen, die wird mich dann rufen. Einige Tage danach, ich dachte schon, dass sie sich nicht mehr melden würde, wurde ich noch einmal gerufen. Wieder hatten wir ein wunderbares Gespräch. Ein paar Mal besuchte ich sie noch, bis ich merkte, ich werde nicht mehr gebraucht. Sie war eine sehr liebenswerte Frau und wurde viel besucht. Eine Besucherin erzählte mir, dass sie selber im Heim wohne, daher oft mit besagter Dame plaudere und dass sie viel miteinander beten usw. Auch die Pflegerinnen sahen sehr oft nach ihr und wie ich sehen konnte, gingen sie sehr liebevoll mit ihr um.

Oft sagt jemand: „Mit dem Tod ist sowieso alles aus." Solange ich denken kann, habe ich eine andere Meinung. Ich glaube, mit dem Tod ist nur das „Menschsein" zu Ende. Der Körper kehrt zur Erde zurück. Weiters glaube ich, unsere Seele ist Energie, welche ewig existiert. Gott ist die Liebe und unsere Seele ist das Göttliche in uns. Die Liebe wiederum ist die stärkste Kraft, sprich Energie. Sie ist es auch, die unsere Umgebung prägt und das über den Tod hinaus.

Ich bin unsterblich

Oft werde ich gefragt, ob es ein Leben nach dem Tod gibt. Ich glaube, es gibt kein Leben nach dem Tod, denn nur lebendige, also nicht tote Menschen leben ihr Leben. Ich glaube, nach dem Tod ist das SEIN – DAS EWIGE SEIN.

Wir Menschen bestehen aus Körper, Geist und Seele. Unser Körper ist Materie, die wieder zur Erde zurückkehrt. Unser ICH, das heißt, unser Geist und unsere Seele sind Energie und Energie vergeht nicht. Daher hinterlässt jeder Verstorbene Spuren.

Kürzlich hatte ich ein wunderbares Erlebnis. Überraschend war ein Mann aus unserer Pfarre verstorben. Mit der Pate wurde ich zum Begräbnis eingeladen. Ich fühlte die ersten Tage nur Betroffenheit, doch zwei Tage vor dem Begräbnis spürte ich, wie mich der Verstorbene stupste, so stark, dass ich zu arbeiten aufhören musste. Daraufhin habe ich Gott dafür gedankt, dass ich diesen Menschen kennenlernen durfte.
Der Mann war überaus freundlich zu mir. Einige Zeit hatte ich ein Problem mit seiner Freundlichkeit, da es mir unehrlich vorkam. Doch mehr und mehr nahm ich wahr, welch wunderbarer Kern in diesem Mann steckte. Ja, er war ein Juwel für die ganze Diözese, daher auch für die Pfarre. Ich hatte ihn in den Jahren seit ich in dieser Pfarre lebe, als ein Geschenk angenommen. Wie sehr werden Sie jetzt von mir erfahren.
Vor einigen Jahren wollte ich nicht zur Osternacht in die Kirche gehen, aber ich fühlte mich gedrängt es doch zu tun. Dieser Mann entzündete wie jedes Jahr das Osterfeuer für die Weihe an, als ich mit einer Bekannten an ihm vorbei ging und ihm mit der Hand zuwinkte. Er eilte auf mich zu und sagte: „So kommst du nicht an mir vorbei." Dabei nahm er mich in die Arme und es gab Bussi - Bussi. Dann sah er mich an und sagte mit bewegter Stimme: „Es ist schön, dass du da bist." Heute

weiß ich, was mich gedrängt hat zur Kirche zu gehen. Es war wieder einmal ein „Abschied für immer".

Beim Begräbnis war sein Geist so spürbar, dass ich oft aufsah, weil ich das Gefühl hatte, er steht irgendwo. Ihm zur Ehre wurde der Sarg (den ich schon seelenlos wahrnahm) in der Kirche und nicht in der Friedhofskapelle aufgebahrt. Als wir uns für den Gang zum Friedhof formierten, hatte ich das Gefühl, sein Geist reicht über den Vorplatz der Kirche und über die Lorettowiese bis zur Straße. Da entstand der Gedanke in mir – „Adxxxxxx, du hast nicht umsonst gelebt, du hattest wirklich ein großes Herz."
Am Friedhof überspannte er auch das ganze Gelände, so groß habe ich bisher noch keine Seele wahrgenommen.

Loslassen

Manche Menschen haben nach dem Tod eines ihnen nahestehenden Menschen das Gefühl, sie dürfen ihn nicht loslassen, sonst ist er vergessen.

Loslassen heißt aber alles andere als vergessen. Ich möchte fast sagen, das Gegenteil. Loslassen heißt, ihn nicht an mich festzubinden, seine Seele frei zu lassen damit sie in die „Herrlichkeit Gottes" eingehen kann. Damit entfernt sie sich aber nicht von mir, ganz im Gegenteil, wir können freier, liebevoller und zärtlicher miteinander kommunizieren, natürlich telepathisch, da die „Starre" des „Festhaltens" nicht mehr besteht.

Ich erzähle Ihnen wieder ein Beispiel von mir.

Als ich vierzehn Jahre alt war und erst kurz vorher die Lehre bei meinem Vater angetreten hatte, bekam ich auf meinem Gesäß auf der rechten, also männlichen Körperseite, einen Abszess. Daraufhin hatte ich so starke Schmerzen, dass mich mein Vater ins Bett schickte, das bei ihm nicht selbstverständlich war.

Nach einiger Zeit kam meine Mutter, um nach mir zu sehen. „Das Knie schmerzt so sehr" war meine Antwort auf ihre Frage, wie es mir den gehe. Sie wollte sich den Abszess anschauen und meinte dann: „Er ist offen, nur mehr der „Stöpsel" ist da. Ich ziehe dir diesen heraus, dann ist alles wieder gut." Sie zupfte mit einer Pinzette diesen „Stöpsel" heraus und dann geschah etwas, was ich nie mehr vergessen habe.

Fingerdick quoll Blut und Eiter aus meiner Hüfte. Der Druck war so stark, dass es einen Bogen von ca. einem halben Meter machte. Meine Mutter rief entsetzt nach meinem Vater, der normalerweise der Arzt im Hause war. Beide kamen mit dem Wischen nicht nach und ich lachte vor Erleichterung. Mit jedem Schwall wurden die Schmerzen im Knie leichter. Seit damals weiß ich, dass dieser „Stöpsel" ein „Stöpsel auf zwei Beinen" gewesen wäre. Kleine Kinder nennt man öfter „Stöpsel".

Er war mein Zwilling, der im Mutterleib abgestorben war. Damals hörte man öfter darüber. Eigenartigerweise immer von Mädchen und bei manchen wurde es operativ entfernt.

Bei einer Familienaufstellung vor einigen Jahren kam der Zwilling wieder zutage. Aus der Rolle sagte jemand, ohne dass ich vorher darüber gesprochen hatte: „Das ist wie eine Geburt, aber nicht auf normalem Wege, sondern bei der Hüfte. Da fließt viel Eiter und Blut." Einige Wochen später stellte sich bei einer Blockadenablöse heraus, dass ich einen Zwillingsbruder gehabt hätte, der aber im vierten Schwangerschafts-monat angefangen hat abzusterben und im fünften Schwangerschaftsmonat war endgültig seine Energie weg.
Nun war mir vieles klar, was ich ein Leben lang nicht verstanden habe. Zum Beispiel meine immerwieder-kehrende innere Trauer.
Als Unterstützungsaufgabe musste ich innerhalb von zwei Wochen ein Ritual abhalten. Das war für mich die Gelegenheit, mich herzlich und liebevoll von meinem ungeborenen Zwilling - er wäre ein Bub geworden - also männlich, zu verabschieden. Es machte mich traurig, einen Bruder den ich nie in den Armen halten durfte, schon wieder hergeben zu müssen. Obwohl ich das doch seit meiner Jugend vermutete, jetzt wurde es für mich Gewissheit.

Zwei Wochen nach gebührender Verabschiedung, pflückte ich eine rosa Wildrose vom Strauch der an meinem Fenster blühte. An die Rose band ich ein weißes Bändchen, das ich bei einem Ritual zum Anlass des Todes meiner Mutter am Gummibaum vergessen hatte. An diesem Tag war die Abhandlung nach dem Tod meiner Mutter beim Notar, anschließend legte ich meinen ungeborenen Zwillingsbruder symbolisch mit der

Rose und dem weißen Band auf das Grab meiner Eltern. Zu meiner Tochter, die mich begleitete, sagte ich: „Schau wie das aussieht, als wenn das ungeborene Baby sein Köpfchen auf das weiße Band legen würde."

Bei einer weiteren Blockadenablöse stellte sich heraus, dass mich mein Zwillingsbruder nicht verlassen wollte und dass ich nicht statt ihm sterben durfte. Also, ich habe nicht versagt, weil ich ihn nicht halten konnte und ich habe ihn nicht verdrängt. Er war fünf Monate an meiner Seite, damit ich seinen Liebesanteil übernehmen konnte, um mich für Friede, Gerechtigkeit, Bewahrung der Schöpfung und der Menschenwürde einsetzen zu können.

Nun komme ich wieder zurück zum Loslassen. Ich hatte seit meiner Kindheit Depressionen, weil ich meinen Zwillingsbruder nicht losgelassen hatte.

Voraussetzungen zum Loslassen:
Zunächst ist es notwendig, dass wir selbst Halt finden - und zwar in uns selbst. Das ist die grundlegende Voraussetzung dafür, dass wir anderes und vor allem andere Personen loslassen können.

Es wäre nicht richtig, dass wir unseren Partner oder Partnerin loslassen, indem wir uns in eine neue Partnerschaft flüchten. Wir sollten erst den Abschied und die Trauer verarbeiten, damit wir frei werden für die nächste Beziehung.

Das können wir, wenn wir z.B. dem Verstorbenen einen Brief schreiben, dahin wo er jetzt ist. Diesen Brief können wir entweder aufheben und öfter lesen. Oder verbrennen und die Asche in den Wind streuen, z.B. beim Fenster hinaus und die Gedanken mitschicken. Eine andere Möglichkeit wäre, den Brief in die Erde des Grabes zu legen, oder, man macht ein kleines Schiffchen und lässt es in einem Bach oder Fluss wegschwimmen. Was mir dabei noch wichtig ist: In dem Brief sollte man alles das schreiben, was man dem

Lebenden in diesem Moment gerne sagen möchte. Auch jenes, was ihm nicht gefallen würde, wenn er noch leben würde. Er kennt jetzt ihm Tod sowieso alle unsere Gedanken und er weiß auch, was er im Leben falsch gemacht hat. Doch wir Lebenden verschaffen uns damit selber eine Wertschätzung, wenn wir das Gefühl hatten oder haben, dass sie uns der Verstorbene nicht oder zu wenig entgegengebracht hat.

Man kann auch entweder auf Zettel oder Stoffstreifen, eventuell aus einem Kleidungsstück des Toten, die Eigenschaften, welche uns fehlen, wenn er jetzt nicht mehr mit uns lebt, aufschreiben. Auch solche Eigenschaften, bei denen wir froh sind, dass wir es hinter uns haben. Anschließend auf eine Zimmerpflanze hängen oder in einem Park oder Wald auf Äste binden. So haben es die Kelten früher gemacht.

Ich trage dich immer im Herzen

Bei uns heißt der 1. November „Allerheiligen" und wir gedenken an diesem Tag im Besonderen an unsere Verstorbenen. Dabei sind laut Neuem Testament, wir Lebenden die „Heiligen". Allerheiligen sollten wir demnach „Allertoten" nennen. Doch egal welchen Namen wir diesem Tag geben, er dient den Toten „zur Beflügelung". An manche Verstorbenen wird das ganze Jahr über nicht gedacht, doch zu Allerheiligen gedenkt man auch derer.

Meine beiden Töchter und ich leben immer mit dem Tod vor Augen, daher gehen wir besonders liebevoll miteinander, aber auch mit allen anderen Menschen, mit allen Tieren und mit den Pflanzen um.

Seit einigen Jahren war ich der Meinung, dass ich nicht will, dass ein Vermögen für meine Grabstätte und Begräbnis ausgegeben werden soll, daher wollte ich meinen Körper der Forschung verschreiben. Als ich meine Töchter fragte, ob sie damit einverstanden wären, sagten sie wie aus einem Munde:

„Mama, ich trage Dich immer in meinem Herzen!"

Ich muss sagen, das war das schönste Kompliment, das ich je von jemandem gehört habe.

Das Anmeldeformular lag seither auf meinem Schreibtisch, bis ich eines Tages meine Meinung in die Tat umsetzen wollte. Wie so oft fragte ich aber noch einmal: „Gott, was willst DU, dass ich tue?" Die Antwort lautete, dass es nicht richtig ist meine Energie zu zer- und verteilen. Ich war überrascht - erwartete ich doch, dass ich auch da noch anderen Menschen „dienen" sollte. Doch mir wurde in der Meditation bewusst, dass ich gerade deswegen „DA SEIN" werde und dienen kann. Also wird mein Körper verbrannt werden. Asche zu Asche - Staub zu Staub.

Einige Jahre bevor ich mich mit meinen Töchtern über mein Begräbnis auseinandergesetzt hatte, fragte mich meine damals etwa vierzehn Jahre alte Tochter: „Mama hast Du ein Problem, wenn ich mich verbrennen lasse, wenn Du noch lebst?" Ich war erst verwirrt, denn es klang so, als meinte sie bei lebendigem Leibe. Nein, sie meinte wenn sie stirbt, wenn ich aber noch lebe. Meine Gegenfrage war, was der Grund dafür wäre. Wie ich vermutet hatte antwortete sie: „Die Angst davor, lebendig begraben zu werden." Ich beruhigte sie damit, dass für mich das richtig ist, was für sie gut ist. Außerdem erklärte ich ihr, dass es im Christentum nicht verpönt ist, verbrannt zu werden. Viele Naturvölker, besonders „ziehende Völker" verbrannten immer schon ihre Toten und die Menschen damals waren mit dem Göttlichen verbundener als wir „Sesshaften" in der jetzigen Zeit.

Wer mich kennt weiß, dass ich viel für meine Eltern getan habe als sie noch lebten. Doch Grabbesuche mache ich höchst selten.
Mein Vater ist seit über zehn Jahren tot, aber ich war noch keine zehn Mal bei seinem Grab. Doch zu Hause habe ich beim Computer, den ich fast täglich öffne, ein Bild von ihm. Da halte ich Zwiesprache mit ihm, bzw. er zeigt mir mit seinem Gesichtsausdruck, der wechselhaft auf dem Foto ist, wenn er mir etwas sagen will. Ich muss dann nachdenken, was er meint. Wunderbar, was ich da alles erfahre.
Meine Mutter ist im Jänner 2008 verstorben und mit ihr funktioniert es ebenso. Ich habe ihr Foto zu dem meines Vaters gestellt. Mit einem Wort: „Man sieht nur mit dem Herzen gut" und das zu jeder Zeit, nicht nur zu Allerheiligen und nicht nur beim Grab.

Ich glaube, Menschen dürfen sterben. Jetzt werden Sie denken, die Ilse Jedlicka ist nicht bei Trost. Ich versichere Ihnen, ich nehme mit allen meinen Sinnen das wahr, was ich jetzt schreibe. Dass die meisten

26

Menschen den Tod als Strafe, angeblich durch den Schöpfungsbericht in der Bibel, auslegen, trifft für mich nicht zu. Mir offenbart diese Bibelstelle etwas ganz anderes. Nämlich, wir lebten im Paradies glücklich und zufrieden. Wir mussten nicht arbeiten, weil wir gar nichts zum Essen benötigten. Wir hatten auch keine Schmerzen. Oder haben sie gelesen, dass Adam, was übrigens MENSCH heißt oder Eva als sie noch im Paradies waren, Zahnweh oder Bauchschmerzen hatten? Nein, werden Sie jetzt antworten. Also blieb den beiden Schmerz und Plage erspart. Sie mussten keine Kinder gebären, daher blieb ihnen auch dieser Schmerz fremd. Sie hatten keine Kleidung an, weil es entweder nur ein Geschlecht gab, oder weil sie keine lüsternen Gedanken kannten. Es gab keine Maschinen und Fahrzeuge, durch welche Leid und Schmerz verursacht werden konnte.

Aus welchem Grund auch immer, Gott hat uns aus dem Paradies geschickt und in das Leben gestellt. Vielleicht ist mit dem Paradies „Abrahams Schoß" gemeint und durch die Geburt müssen wir die Belastungen des Lebens auf uns nehmen. Nach dem Abdienen des Lebens, dürfen wir durch den Tod wieder ins Paradies zurückkehren. Wieder Einswerden mit Gott. Das höchste Gut. Die größte Freude.

ACHTUNG! Ich glaube, das gilt nur, wenn wir im Leben entsprechend handelten. Ansonsten machen wir nach dem Leben noch vor dem Paradies Station, indem wir die Vergangenheit verarbeiten und es dauert länger ins Paradies zu kommen. Ich vergleiche diese Station mit dem Fegefeuer oder mit der Hölle, je nachdem wie wir unser Leben gestaltet und gelebt haben.

Der kleine Prinz

Viele Erwachsene haben das Buch von Antoine de Saint-Exupery „Der kleine Prinz" gelesen. Bisher hat mir aber noch niemand auf meine Frage: "Was wird in dem Buch beschrieben?" mit „Ein sehr liebevolles Verabschieden." geantwortet. Ich zeige Trauernden sehr oft Stellen aus diesem Buch und es wird dankend als Trost angenommen.

Antoine de Saint Exupery schreibt zum Beispiel auch: „Denn ich möchte nicht, dass man mein Buch leicht nimmt. Ich empfinde so viel Kummer beim Erzählen dieser Erinnerungen. Es ist nun sechs Jahre her, dass mein Freund mit seinem Schaf davongegangen ist. Wenn ich hier versuche, ihn zu beschreiben, so tue ich das, um ihn nicht zu vergessen. Es ist traurig einen Freund zu vergessen. Nicht jeder hat einen Freund gehabt." Meine Meinung ist: „Tot ist nur, wer vergessen ist." Aber nicht nur das Sterben ist Abschied.

Advent heißt Ankunft. Wer aber ankommen will, muss sich vorher von etwas oder jemandem „verabschieden" um neu anfangen zu können. 2012 nahmen wir von einer Epoche Abschied. Der Maya-Kalender war bei der Wintersonnenwende, den 21. Dezember zu Ende. Die Sterne standen zu diesem Zeitpunkt in einer Konstellation, die es nur alle zigtausend Jahre gibt. Vielleicht war das für die Mayas der Anlass, damit den Kalender zu beenden. Weiter machen können sie ja nicht, ob der Grund dafür wie in Tschernobyl oder Japan war?

Der Fuchs sagt zum kleinen Prinzen: „Man sieht nur mit dem Herzen gut. Das Wesentliche ist für die Augen unsichtbar."
Ich wünsche Ihnen, dass Sie in Zukunft bei Abschiede so denken und alles Neue mit diesen zwei Sätzen beginnen.

Liebe - der einzige Weg in die Herrlichkeit

Bei einem theologischen Seminar sollten wir uns mit dem Satz: „Niemand kommt zum Vater, außer durch mich" auseinandersetzen. Wie schon gewohnt, sorgte ich wieder für Aufruhr, im Anschluss aber für „Aha-Erlebnisse" einiger Teilnehmer.

„Niemand kommt zum Vater, außer durch mich." Das ist genau dieser Satz, der die Christen veranlasst hat, sehr viel Göttliches zu zerstören. Auch Kulturen, welche inniger Gott verehren als wir Christen. Ich denke dabei z.B. an die Indianer. Die Indianer danken Gott vielmehr und inniger durch so viele Gesten und persönliche Rituale. Sie konnten sich besser als wir Christen, in den Willen Gottes einfügen, bevor sie zum christlichen Glauben genötigt wurden.

Ich glaube nicht nur, ich bin überzeugt davon, dass alle Menschen, welche lieben, in die Herrlichkeit Gottes eingehen. Von Gott werden nicht Christen, welche Jesus durch die Lehre kennen gelernt haben, bevorzugt.

Der Absatz 1. musste schon vom Referenten aufgenommen werden, weil sich einige Teilnehmer dagegen sträubten. Sie beruhigten sich erst, als er sie darauf aufmerksam machte, dass sich die Männer der röm. kath. Kirche heute wohl für das viele Leid und Unheil, was in ihrem Namen bzw. ihrer Vorgänger (da ist es leichter sich zu entschuldigen) angerichtet wurde, bewusst sind und sich auch teilweise dafür entschuldigten.

Beim Absatz 2. rief eine Frau: „Das ist mir aber zu einfach." Das meinte auch schon eine andere Frau im Arbeitskreis, welcher in kleineren Gruppen aufgeteilt war. Worauf ich ihr einige Beispiele aufzählte, womit auch eine weitere Frau verstehen konnte, dass Christsein nicht nur ein „Sonntagsspaziergang" ist, wie sie es nannte. Ich glaube, dass der ganze Mensch gefordert wird. Niemand sollte in die Kirche gehen, aber Nutzen auf Kosten anderer ziehen. Oder anderen Menschen gegenüber überheblich sein. Oder nichts für arme Menschen abgeben. Teilen, nicht spenden, das heißt zehn Prozent vom Einkommen für andere Menschen geben. Man sollte sich nicht dagegen sträuben, dass ein Erinnerungsgottesdienst für einen Angehörigen zugleich mit jemanden, den er/sie nicht schätzt, gehalten wird. Als Christ sollte man erkennen, dass damit der Wille Gottes und der von den Verstorbenen gezeigt werden. Damit verkünden die Verstorbenen aus dem Jenseits, dass sie miteinander versöhnt sind. Ist das nicht eine wunderbare Geste? Will uns Gott nicht damit zeigen, dass wir uns auch mit den Hinterbliebenen aussöhnen sollten, um selber in die Herrlichkeit Gottes gelangen zu können? Ich bin überzeugt davon, dass dazu sehr viel Liebe, Ehrfurcht und geistige Größe gehören. Menschen mit geringer Persönlichkeit werden nicht leicht eine Versöhnung herbeiführen. Aussprechen, wodurch man verletzt wurde. Aber auch anhören können, wovon der andere be-leid-igt wurde.

Im Seminar antwortete ein Mönch, dass damit wohl die allumfassende Liebe gemeint ist. Er fragte mich, ob ich damit das meinte: „Was ihr den Geringsten tut, das habt ihr mir getan - z.B. in Indien." Ja, das hatte ich gemeint, allerdings wenn es aus Liebe geschieht und nicht aus einem anderen Grund, wie Wichtigtuerei und Ähnlichem. Ich gehe aber noch weiter, es gehört auch die Liebe zu den Tieren und Pflanzen dazu. Ja, sogar der liebevolle Umgang mit allem, was existiert, da es aus der Schöpfung Gottes entstand. Wenn z.B. Schießpulver erzeugt wird, kommt es darauf an, dass es zur Menschenwürde verwendet wird und nicht, um Menschen zu töten. Mit Indien ist es eine andere Sache mit dem: „Geringsten", weil in Indien die Religion sagt, dass sich jeder Mensch Karste um Karste „erarbeiten" muss, um ins „Nirwana" (Himmel, besser ausgedrückt: Ewigkeit) zu gelangen. Das heißt, einem Armen Geld zu schenken, verhindert, dass er ins Himmelreich kommt, weil er die Armut, welche ihm seiner Religion nach Gott auferlegt hat, nicht aus eigener Kraft durchlebt hat. Ich glaube aber, dass uns dabei auch Gott hilft, wenn wir dementsprechend mit diesem Menschen sprechen, dass Gott ihm damit ein Zeichen sendet.

In der weiteren Folge ging die Diskussion so weiter, dass immer mehr Teilnehmerinnen und Teilnehmer Antworten in Richtung „durch die Liebe in die Herrlichkeit Gottes zu gelangen" wussten. Jemand sagte: „Damit hat doch jeder Mensch Hoffnung auf die Herrlichkeit Gottes, denn es gibt wohl keinen Menschen, welcher noch nicht geliebt hat." So ist es! Ich gehe auch hier wieder weiter. Es genügt nicht nur, dass ich einmal zu jemand lieb war, sondern: Ich muss bis zum Ende meines Lebens lieben. Egoistisch zu werden mit dem Gedanken: „Ich habe schon jemandem Gutes getan, jetzt kann ich aufhören.", wäre für mich Hohn vorm Auge Gottes. Mein fester Glaube ist, je unermüdlicher wir lieben, desto näher kommen wir dem „Himmelreich".

Bei der Liebe ist es ja so: „Je mehr man gibt, desto mehr bekommt man." Dieser Ausspruch zeigt davon, dass uns Gott umso mehr liebt, wie wir andere Menschen lieben. Das ist meine Hoffnung für die Ewigkeit - und die dauert viel länger als das irdische Leben.

Bei Trauergesprächen werden mir oft die Fragen gestellt: „Gibt es die große Liebe nur einmal im Leben?" oder: „Muss ich jetzt ohne Partner bzw. Partnerin weiterleben?"

Weil ich nach Gottes Willen leben will, habe ich das vor einigen Jahren bei mir selber überprüft. Gott gab mir eine klar ersichtliche Antwort. Um es bildlich darzustellen, ich glaube, dass Gott nicht zur gleichen Zeit, zwei Deckel für einen Topf vorgesehen hat. Das heißt aber auch, dass er für jeden Topf einen Deckel bereit hat und daher niemand gezwungen wird, einsam oder hilflos leben zu müssen. Es fragt sich nur, ob man bereit ist auf den entsprechenden (Deckel) Partner zu warten und andere Wege zu finden, um bis dahin nicht einsam oder hilflos zu sein.

Falscher Ehrgeiz vieler Ärzte

Falscher Ehrgeiz vieler Ärzte ist für mich ein starker Aspekt, den ich dem Artikel von Elisabeth Kübler-Ross „Entpersönlichung", den einmal eine unserer Begleiterinnen vom HdF mitgebracht hatte, hinzufügen möchte.
Meine Schwägerin ist 1995 mit fünfunddreißig Jahren an Krebs verstorben. Als bei meiner Schwägerin ca. zwei Jahre vor ihrem Tod starke Schmerzen in ihren Armen und Beinen aufgetreten waren, schickte sie der Arzt mit einem Rezept für Medikamente gegen Rheumabeschwerden nach Hause. In der Folge, weil die Schmerzen immer stärker wurden, war sie in der Ambulanz der Baumgartner Höhe (in der Nähe ihrer Arbeitsstelle). Dort war man der Meinung, sie solle nicht so zimperlich sein. Im Allgemeinen Krankenhaus wo sie sich Hilfe erwartete, wurde sie in einen Rollstuhl gesetzt und mit der Bemerkung, sie hätte Rheuma, ihr Mann solle sie wieder nach Hause bringen, weggeschickt. In Wahrheit hatte sie fünf Tumore und Metastasen im ganzen Körper und eine Lebensmöglichkeit von einigen Monaten.
Nach einigen Tagen, da sie es vor Schmerzen nicht mehr aushalten konnte, brachte sie mein Bruder ins Kaiser-Franz-Josefs-Spital. Dieses Krankenhaus hatte einen schlechten Ruf, weil dort viele Menschen sterben. Jetzt allerdings weiß ich auch warum. Hier werden auch Menschen aufgenommen, von denen man weiß, dass sie unheilbar krank sind und bald sterben werden. Ich kann mir die Reaktion der Ärzte in den beiden vorherigen Krankenhäusern nur so erklären, dass sie den Krankheitsgrad meiner Schwägerin wohl erkannten, aber nicht wollten, dass sie in „ihrem Krankenhaus" stirbt. Für viele Ärzte bedeutet ein Sterben eines Patienten ein Versagen ihrer ärztlichen Kunst.

Im Kaiser Franz Josefs Krankenhaus wurde sie komplett untersucht. Anschließend gab es ein Gespräch mit meiner Schwägerin, ihrem Mann, ihrer Schwester die als Krankenschwester arbeitete, sowie einem Arzt. Der Arzt hatte eine Beruhigungsinjektion in der Tasche um gleich eingreifen zu können, sollte meine Schwägerin die Nachricht über den baldigen Tod nicht verkraften. Liebevoll wurde meine Schwägerin auf ihren nahen Tod vorbereitet. Sie bekam ein Einzelzimmer mit einer zusätzlichen Liege, damit mein Bruder wochenlang Tag und Nacht bei ihr sein konnte. Ich glaube, er war ihr ein wunderbarer Begleiter. Er hatte immer das Handy dabei und so konnte er als Techniker für Bürogeräte zu den Firmen geholt werden. In den Zeiten, in denen es meiner Schwägerin zwischen den Chemotherapien besser ging, war sie zu Hause. Im Körper hatte sie ein Pölsterchen eingesetzt bekommen, aus dem sich der Körper automatisch die Schmerzmittel entzog. So konnte sie noch ca. eineinhalb Jahre ein menschenwürdiges Leben führen und mit ihrem Mann und den beiden Kindern zusammen sein.

Abschied für immer

Ich denke, mein Vater ist in Frieden heimgekehrt. Heimgekehrt dorthin wo ich glaube, dass wir uns alle wünschen hingelangen zu dürfen - in das Paradies oder in den Himmel, wie wir Christen es nennen. Wobei mit Paradies oder Himmel, nicht ein Ort gemeint ist. Ich möchte nicht einmal sagen ein Zustand, sondern ganz einfach, Sein. Meiner Meinung nach gibt es nicht ein Leben danach, sondern ein Sein. Das Paradies ist für mich das Sein in der Herrlichkeit Gottes. Weshalb ich glaube, dass mein Vater 2003 im zweiundneunzigsten Lebensjahr in Frieden verstorben ist, möchte ich durch die Erlebnisse, welche ich mit ihm im Zusammenhang seines Todes erfahren durfte, wiedergeben.

Ungefähr ein Jahr vor dem Tod meines Vaters, kam meine jüngere Tochter von einem Besuch bei meinen Eltern nach Hause und sagte: „Mama, ich glaube Opa wird bald sterben." Mein Vater sagte zu ihr: „Kathi, ich werde noch ein Jahr leben." „Es klang ganz anders als wie er das früher ausgesprochen hätte. Ich glaube, er hat recht" erklärte mir meine Tochter. Obwohl ich weiß, dass meine beiden Töchter und ich vieles wahrnehmen, was nicht jeder Mensch wahrnimmt, fuhr ich trotzdem nicht gleich zu ihm. Dann allerdings fühlte ich es auch und besuchte meine Eltern öfter, als ich es in den Jahren vorher getan hatte. Etwa ein halbes Jahr später erklärte mein Vater meiner Tochter, dass er noch ein halbes Jahr leben würde. Sie war wieder davon überzeugt.

Seit meinem neunzehnten Lebensjahr, lasse ich in der Silvesternacht keine feuchte Wäsche hängen, weil das angeblich ein Zeichen ist, dass jemand aus der Familie im neuen Jahr sterben wird. Ich nehme daher Geschirr- und Handtücher vom Haken und lege sie auf einen Stuhl, damit keine feuchte Wäsche in dieser Nacht hängt. In der Silvesternacht von 1994 auf 1995 habe ich darauf vergessen. Im Jänner 1995 ist meine Schwägerin verstorben. Einige Jahre später, zu Silvester vor dem Tod meines Vaters habe ich wieder vergessen. Ich war am nächsten Tag deswegen ganz entsetzt, aber meine beiden Töchter lachten darüber. Ängstlich habe ich sie darauf aufmerksam gemacht, dass ich vor dem Tod von ihrer Tante auch vergessen hatte, die feuchten Sachen zu legen.

Es war bei der Diamantenen Hochzeit meiner Eltern im Februar 1998, als ich meine Eltern bat, ihre Liebe zueinander sichtbar zu leben. In diesem einen Jahr, seit mein Vater ahnte, dass er bald sterben wird, sind meine Eltern sehr liebevoll miteinander umgegangen. Ich danke Gott, dass ich das noch erleben durfte. In diesem einen Jahr, war mein Vater auch zu mir besonders zärtlich. Ich habe das einer Bekannten erzählt, worauf sie geantwortet hat: „Jetzt weißt du, warum dein Vater so alt geworden ist." Einige Monate vor dem Tod meines Vaters feierten wir die eiserne Hochzeit der Eltern. Als mein Vater am „Wirtshausplatz" tanzte, spürte ich, dass er krank werden würde. Als mich einige Tage danach mein älterer Bruder anrief und mitteilte, dass unser Vater im Krankenhaus liegt, wollte ich ihn am nächsten Abend besuchen. In der Nacht aber fühlte ich, dass mich Papa braucht. Ich setzte mich daher in der Früh ins Auto und war schon um 8 Uhr im Krankenhaus Mistelbach. Es war, als würde mein Vater tatsächlich auf mich warten. Er war ein Bündel Angst. „Was ist, wenn das die Niere ist, ich habe doch nur mehr eine" war die Antwort auf meine Frage, wie es ihm ginge. Meine gelassene Antwort, dass er dann an die Dialyse angeschlossen würde, beruhigte ihn schon fürs erste. Ich legte ihm meine Hände auf die Brust, besprach mit ihm, wie er atmen solle, damit er keine Lungenentzündung bekäme und und und.... Er wurde immer entspannter und es tat ihm sichtlich gut, dass jemand aus der Familie bei ihm war. Im Krankenhaus fühlte er sich sonst immer pudelwohl und plauderte munter mit den Zimmergenossen.

Einige Wochen bevor er das letzte Mal ins Krankenhaus kam, hatte ich eine Wahrnehmung, die weder ein Erdbeben noch sonst eine Katastrophe bedeutete. Ich sagte zu meinen beiden Töchtern, es ist sehr nahe, es betrifft unsere Familie. Jetzt weiß ich, dass ich den Tod meines Vaters fühlte.

Einige Tage danach befahl mir eine kräftige Stimme im Schlaf, die Ohrringe herauszunehmen. Es dauerte eine Weile bis ich halb aufwachte. Im Halbschlaf wusste ich nicht, was ich tun sollte. „Nimm deine Ohrringe heraus - Ohrringe - zieh sie heraus." Ich tat dieses bei einem Ohr. Wieder die Stimme: „Auch vom anderen Ohr." Auch das tat ich. Ich hatte die Ohrringe in der Hand und wusste nicht, was ich damit anfangen sollte. „Leg sie neben das Bett auf das Tischchen", ordnete die Stimme an. Ich machte es und schlief weiter. Am Morgen dachte ich, ich hätte das geträumt, doch die Ohrstecker lagen am Tischchen neben meinem Bett. Das Staunenswerte daran ist, wenn jemand in meinem Umkreis stirbt, lege ich sämtlichen Schmuck ab, außer der Uhr, welche für mich kein Schmuckstück ist. Ich habe das Gefühl, wenn jemand stirbt, stehe ich mit dem oder der Verstorbenen an der Schwelle des Todes. Vor Gottes Angesicht können wir uns aber nicht hinter Glanz und Glitzer verstecken. Gott ruft uns, wie er Adam gerufen hat, der sich vor ihm hinter Büschen versteckt hatte.

Als ich meinen Vater zwei Tage bevor er in Tiefschlaf versetzt wurde im Krankenhaus besuchte, war er fröhlich und munter. Er wollte sich so setzen, dass er Mutti und mich von vorne sehen konnte. „Ich will euch beide anschauen", meinte er. Er fragte mich, ob es etwas gäbe, was ich gerne von ihm hätte. Ich sah ihn erstaunt an, da ich fühlte das war eine unbewusste Abschiedsbotschaft. Dann sagte er: „Aus dem Haus, etwas was für dich eine große Bedeutung hat." Drei

Jahre vorher habe ich von ihm die alte Küchenuhr bekommen. Damals hatte er sich darüber gefreut, dass mir das alte Ding Freude macht und dass ich die Uhr als Andenken haben wollte. Ich hatte ihr ein Batteriewerk einbauen lassen und als Papa im Sterben lag, blieb die Uhr stehen, obwohl ich kurz davor neue Batterien eingesetzt hatte. Sie ging auch mit den noch einmal getauschten neuen Batterien nicht.

Als wir uns an diesem Tag im Krankenhaus verabschiedeten, meine Mutter ging vor mir, drehte ich mich bei der Türe noch einmal um und sah, wie mein Vater nachkam. Ich ging zu ihm zurück und wir umarmten und streichelten uns so intensiv, dass ich auf einmal dachte: „Was machen wir denn da, das haben wir auch noch nie so innig gemacht. Es ist wie ein Abschied für immer." Ich konnte mich nicht beherrschen und sagte: „Pass auf dich auf!", was ich vorher noch nie zu ihm gesagt habe, und hatte dabei das Gefühl, damit eine schwerwiegende Aussage zu machen. Dabei kämpfte ich mit den Tränen, was ich vorher bei keiner Verabschiedung mit ihm machte.

Als dann mein Vater im Tiefschlaf lag, hatte ich Urlaubszeit, fuhr aber nicht weg. Ich habe mich geistig fast nur mit Papa beschäftigt. Ich fühlte, dass es ihm „gut geht", dass er weder Schmerzen noch Angst hatte. Doch drei Nächte vor seinem Tod, wurde ich dreimal mit dem Herzen voller Angst wach. Ich fühlte, dass es die Gefühle meines Vaters waren. Geistig nahm ich ihn jedes Mal in die Arme und sprach mit ihm, bis die Angst vorbei war und ich wieder einschlief. Ich war der Meinung, dass man im Krankenhaus die Dosis des Tiefschlafes verringerte, wobei in Papa Ängste bewusst geworden sind. Als ich am nächsten Tag zu ihm kam, meinen Mund nahe an sein Ohr legte und laut sprach: „Hallo Papa, ich bin die Ilse", rannen Tränen aus seinen Augen. Ich tupfte sie trocken und dachte, dass sie vielleicht durch die Schwellung der Augen rinnen würden. Ich legte die Hände auf seine Brust, da war es, als wollte er zum Sprechen ansetzen, doch es verlor sich wieder. Ich sprach ihn nochmals an: „Hallo Papa, ich bin die Ilse." Da zuckten ein paar Mal seine Wimpern, so, als würde er nicht schlafen. Die Augen konnte er ja nicht öffnen, weil sie so verschwollen waren. Als ich mich nach einer Weile, nachdem ich ihm ein Kreuzzeichen auf seine Stirn gemacht hatte, wieder mit einem: „Hallo Papa, schlaf gut" verabschiedete, rannen wieder Tränen aus seinen Augen. Es war für mich unfassbar und ich glaubte, mir das nur eingebildet zu haben.

Meine Mutter, die nach mir zu ihm ging (wir durften nur einzeln zu ihm), kam anschließend von ihm mit den Worten: „Papa hat geweint." Da erzählte ich ihr über meine Wahrnehmung und war dabei so traurig, weil ich dachte, wer weint - ist traurig. Erst als wir still zusammensaßen, Mutti, meine Tochter und eine Nachbarin, wurde mir auf einmal bewusst, er weinte nicht aus Trauer, sondern es waren Freudentränen. In der Nacht hat er nach Menschen die er liebte gerufen und nun waren wir da. Mir wurde dadurch bewusst: Gott lässt immer wieder Wunder geschehen. Ich glaube nicht einmal, dass dabei Mutti und ich gemeint waren, sondern alle seine Kinder, Schwiegerkinder, Enkel, Urenkel und Verwandten.

Ich bin überzeugt, dass er jeden einzelnen von uns geliebt hat und - er hat Frieden mit jedem von uns geschlossen.

Ich bitte Gott darum, dass dieser Friede in das Herz eines jeden von uns einkehren kann.

Friede und Vergebung! Denn nur so können wir selber heil und erlöst werden.

In der Nacht als ich fühlte, dass mein Vater Angst hatte, sagte ich anfangs: "Du brauchst keine Angst zu haben, du brauchst keine Angst zu haben...." Da schaukelte sich die Angst in mir hoch. Als mir das bewusst wurde, nahm ich ihn geistig in die Arme und erklärte ihm, er solle sich

nicht mehr ans Leben klammern. Er soll nur loslassen, alles andere geht von alleine. Er braucht nichts dazu tun, es tut auch nicht weh. Ganz im Gegenteil, die Leichtigkeit ist mit nichts auf der Welt zu vergleichen.
Drei Tage nach dieser Nacht und als ich ihn am folgenden Tag besuchte und er weinte, war meine ältere Tochter mit meinem Auto bei ihm. Als sie mir das Auto zurückbrachte, erzählte sie erst etwas Belangloses und dann sagten wir wie aus einem Munde: „Und der Opa." Daraufhin erzählte sie mir, die Ärztin hätte gesagt, dass die Apparate abgestellt wurden und dass er noch ein paar Tage zu leben hätte. Ich fühlte, wie mich meine Tochter mit großen Augen ansah, als ich mit einem Handzeichen zum Fenster hinaus und mit dem Gefühl des Loslassens, wie ich oft den Tod spüre, sagte:
„Ich werde es nie begreifen. Da gibt es einen Körper aus Fleisch und Blut und auf einmal gibt es ihn nicht mehr." Etwa eine Viertelstunde später rief meine Schwägerin an um mir zu sagen, dass die Ärztin eben angerufen hätte - Papa sei verstorben.

Meine beiden Töchter und ich setzten uns auf den Fußboden und nahmen im Geiste Abschied von meinem Vater. Es dauerte eine Stunde, dann fuhren wir gemeinsam ins Krankenhaus, um uns von seinem Körper zu verabschieden. Ich fühlte, dass die Seele schon aus dem Körper meines Vaters entwichen war. Als ich ihm über den Kopf streichelte dachte ich: „Jetzt bist Du über neunzig Jahre alt und tot, hast aber immer noch mehr schwarze Haare als graue. Ich liebe Dich!" Am nächsten Morgen verspürte ich ein Drängen und kaufte mir eine Mädchenfigur, in der Meinung, Papa verabschiedete sich von mir mit diesem Mädchen. Die Figur selber, sowie einiges an der Figur erinnerten mich an meine Kindheit mit meinem Vater. Nach einigen Stunden, ich stand gerade im Bad, hatte ich das Gefühl, ich sei in Liebe eingehüllt. „Oh Gott, das ist Papa" dachte ich. Es war, als wollte er sich von mir verabschieden und sagen:

„Ich liebe dich. Du hast recht, es gibt ein Danach."

Wenn ich mich recht erinnere, war ich neunzehn Jahre alt, als ich ihm zum Vatertag folgendes Gedicht schrieb:

VATERHÄNDE
Vater deine starken Hände,
haben viel für uns gemacht.
Vater, deine milden Hände,
haben Segen uns gebracht.
Sie trugen Sorge, Müh und Leid,
für deine Kinder alle Zeit.
Warst du fort, dann brachten sie,
etwas Schönes für uns mit.
Ach könnten wir, bezahlen dir,
für deiner Hände Müh und Fleiß,
es gäbe dafür keinen Preis.

Sechs oder sieben Wochen bevor mein Vater gestorben ist, wollte er mir als ich mich nach einem Besuch bei meinen Eltern verabschieden wollte, etwas zeigen. Ich war schon müde und wollte nach Wien zurück fahren, aber ich hatte das Gefühl, da steckt mehr dahinter. Also ging ich mit ihm. Er zeigte mir eine Haltestange die er montiert hatte und sagte: „Ilse, das ist das Letzte das ich gemacht habe, ich kann nicht mehr." Dabei hatte er einen sehr traurigen Blick.

Meine Mutter kam dazu und ich hatte das Gefühl, mein Vater wollte Mutti nicht dabei haben und sah mich noch trauriger an. Ich legte meinen Arm um seine Schulter und antwortete: „Papa, das ist auch richtig so, denn alles hat seine Zeit."

Er fragte mich was das heißt, worauf ich antwortete: „Ja, alles hat seine Zeit, das Kind sein und spielen hat seine Zeit, das Erwachsen sein und arbeiten hat seine Zeit, und das Alt sein und ruhen hat seine Zeit. Du hast jetzt Zeit zum Ruhen." Mit einem Leuchten in seinen Augen und einer Dankbarkeit in seiner Stimme meinte er: „Du hast recht."

Meine Mutter starb fünf Jahre nach meinem Vater. Mit ihr lief das letzte Jahr ganz anders ab, als mit meinem Vater. Ein Jahr habe ich gerungen, um alle Verletzungen, die mir meine Mutter seit meiner Kindheit zugefügt hatte, zu heilen. Von jenen die ihr nicht bewusst waren, will ich nicht reden. Dazu sage ich nur: "Sie konnte es nicht anders." Aber die aus Egoismus und absichtlich zugefügten Wunden in den letzten fünfzehn Jahren vor ihrem Tod, haben mir schwer zu schaffen gemacht. Ein Jahr vor ihrem Tod war ich deswegen das erste Mal bei einem Therapeuten. Heute weiß ich, dass ich dieses Jahr der Kämpfe in meinem Inneren brauchte, weil es das unbewusste Abschiednehmen von meiner Mutter war. Ich hatte meiner Mutter mein Leben lang so viel Liebe entgegengebracht, dass ich wahrscheinlich nach ihrem plötzlichen Tod ins „schwarze Loch" gefallen wäre, hätte ich dieses Jahr der Trauer vor ihrem Tod nicht erlebt.
Ich fühlte immer, wenn meine Mutter mich brauchte oder wenn es ihr schlecht ging. So z.B. saß ich vor vielen Jahren in der Arbeit und sagte immer wieder zu meiner Kollegin: "Ich habe das Gefühl, mit meiner Mutter stimmt etwas nicht" bis die Kollegin meinte, ich sollte sie doch anrufen, was ich dann auch getan habe. Meine Mutter erzählte mir, dass sie von einem Stuhl gefallen war und sich dabei verletzt hatte. Ein anderes Mal war ich auf einer Studienreise, stolperte, zerbrach dabei meine Armbanduhr und stieß mich an der Brust, das mir starke Schmerzen verursachte. Am Abend meiner Ankunft zu Hause, kam ein Anruf meines Bruders der mich verständigte, dass unsere Mutter im Krankenhaus sei, weil man ihr in meiner Abwesenheit plötzlich die linke Brust wegen Krebs entfernen musste. Es war die gleiche Seite an der ich mich gestoßen hatte. Ich könnte allein mit solchen Erlebnissen dieses Buch füllen.

Bei meinem letzten Besuch vor ihrem Tod, schien es als wäre meine Mutter völlig gesund. Als ich mich verabschiedete und dann schon bei der Tür war, fühlte ich: „Das kann ein Abschied für immer sein." Ich ging deshalb wieder zu ihr zurück und nahm sie noch einmal innig und lange in die Arme. Den Blick ihrer Augen werde ich nie vergessen. Er sagte mir: „Danke - verzeih mir - ich hab, dich lieb."

Drei Wochen danach ist sie plötzlich von einem Tag auf den anderen gestorben. Sogar die Ärzte waren überrascht.

Vor vielen Jahren schrieb ich für meine Mutter zum Muttertag:

TAG DER MUTTER

Du, deren Stimme ich als erste hörte.
Du, deren Liebe mir allein gehört.
Du bist die Sonne, die im Leben mir scheint.
Mein Trost, wenn das Auge mir weint.
Du trägst die Sorgen für mich,
wo ich doch so viele mache für dich.

Ich bitte Gott, dir Gesundheit zu schenken
und er lasse dich nicht voll Traurigkeit
an mich denken.
Vielmehr sollst du bitten und beten für mich,
dass der Herr besinne sich.
Dass er mir Gnade schenke
und sein Angesicht nicht von mir wende.

Dies alles sei gesagt dir am heutigen Tag.
Daran sollst du sehen, wie lieb ich dich hab.

Im Infoblatt der ARGE HdF schrieb ich einmal:
Schon seit Jahren ist es für mich ein Geschenk, wenn sich jemand Zeit nimmt, um mit mir bei einer Tasse Kaffee oder Tee zu plaudern. Wenn ich nämlich in meinen Terminkalender blicke, sehe ich, wie kostbar die Zeit ist.

Vor einigen Jahren habe ich erlebt, wie meine Zeit zum Geschenk wurde. Meine Mutter lag nach einer Knieoperation im Krankenhaus Zwettl. Von Wien aus gesehen liegt Zwettl am Ende der Welt, daher wurde sie von den anderen Geschwistern und meinem Vater sehr wenig besucht. Als ich erfuhr dass Mutti Heimweh hat, rief ich sie im Krankenhaus an, konnte sie aber einige Stunden nicht erreichen. Als sie hörte, dass ich am Telefon bin meinte sie: „Gott sei Dank dass Du anrufst. Ich habe den ganzen Tag an Dich gedacht und mir gewünscht, dass Du anrufst." Erst wollte sie nicht, dass ich sie besuche, damit mir die Zeit bei der Arbeit nicht fehlt, doch als ich nicht davon absah, freute sie sich auf meinen Besuch. Ich ließ von meiner Mitarbeiterin meine Termine absagen, setzte mich ins Auto und fuhr nach Zwettl.

So eine wunderbare Zweisamkeit hatte ich mit meiner Mutter schon lange nicht erlebt. Als ich sie verließ, war ein Leuchten in ihren Augen. Ich kann mich nicht erinnern, das vorher schon einmal in ihren Augen gesehen zu haben. Ich war wöchentlich einen ganzen Tag bei ihr, auch in der Zeit, in der sie von Wien noch weiter weg auf Rehab war.

Einige Jahre nach dem Tod meiner Eltern schrieb ich folgenden Artikel:

Wann war der Todestag?
„Wieder hatten wir Allerheiligen, aber ich hatte nicht das Bedürfnis zum Grab meiner Eltern zu fahren. Ich dachte darüber nach und bin zu einer wunderbaren Erkenntnis gekommen.

2003 ist mein Vater verstorben und 2008 meine Mutter. Als Papa noch lebte, hatte er mit meinem Bruder Betonarbeiten an der Umrandung unseres Familiengrabes durchgeführt. Nach dem Tod meines Vaters hat meine Mutter einen Grabdeckel anfertigen lassen, so, dass das Grab wie eine Gruft aussieht - für mich wirkt das Familiengrab seither kalt und unpersönlich. Ich denke, meine Mutter wollte sich vergewissern, dass „ihr" Grab immer gepflegt wirkt, auch wenn, wie am Land üblich, nicht immer frische Blumen am Grab sind und täglich gegossen werden kann. Nach dem Tod meiner Mutter erklärte mein Bruder: „Das Grab übernehme ich!" Schon nach dem Tod meines Vaters war ich nur am Friedhof, wenn es meine Mutter wollte. Nach dem Tod meiner Mutter war ich zwei oder drei Mal dort. Das aber auch nur, um den Menschen im Ort zu zeigen, dass ich meine Eltern wertschätze.

Dieses Jahr war mir zu Allerheiligen überhaupt nicht danach hinzufahren. Gräbersegnung gibt es sowieso in meinem Heimatort nicht mehr und was mir dadurch bewusst wurde ist - meine Eltern sind immer bei mir, ich trage sie im Herzen und habe dadurch das Gefühl, dass sie mir ganz nahe sind. Ich fühle sie, ich kann sie nur nicht sehen. Da meine Eltern für mich immer noch „anwesend" sind, merke ich mir auch ihr Sterbedatum nicht. Für mich leben sie zwar nicht mehr, weil ich leben mit Körperlichkeit verbinde. Im Tod gibt es keinen Körper. Da die Seele Energie ist, und Energie stirbt nicht, sind meine Eltern da. Sie machen sich auch immer wieder für mich bemerkbar.

Zum Beispiel:
Heuer in der Nacht vom 28. auf den 29. August konnte ich nicht schlafen. Um etwa 3 Uhr in der Früh (29. Aug.) dachte ich nach, weshalb ich nicht einschlafen kann, es war nämlich ein eigenartiges Gefühl in mir, mit dem ich nichts anzufangen wusste. Plötzlich dachte ich: "Das ist wieder Papa. Er will mir was sagen." Ich dachte nach was das sein sollte und plötzlich fiel es mir wie Schuppen von den Augen. Um Gottes Willen wir haben August, da ist doch Papa gestorben. Aber an welchem August ist er denn gestorben? Im Kopf habe ich immer nur - Ende August. Also ging ich ins Arbeitszimmer, in dem ein Bilderrahmen mit den Patenbildern meiner Eltern steht. Als ich mir das Datum des Todestages von Papa ansah, traten Tränen in meine Augen, denn der Todestag war der 29. August 2003."

Abraham und Isaak

Schon als junges Mädchen hatte ich ein tiefgreifendes Erlebnis, das mir vorkam, als ginge es um Abraham und Isaak. Mein ganzes Leben wurde von diesem Erlebnis geprägt. Als eine meiner beiden Töchter an Multiple Sklerose erkrankte und gleich einige Schübe auf einmal hatte, so, dass sie auf einem Auge blind war, kaum reden, schlecht atmen, die Arme und Beine fast nicht mehr bewegen konnte, hatte ich das Gefühl, ich sei wieder Abraham, dieses Mal aber so wie in der Bibel beschrieben.

Ich war der Meinung, Gott verlangte meine Tochter und ich war bereit sie ihm zu geben. Zwar mit großer Trauer, die wohl Abraham auch hatte. Gott machte es mir leichter als Abraham, ich hätte meine Tochter nicht eigenhändig töten müssen, was zu Abrahams Zeiten wahrscheinlich auch nicht so brutal war wie heute.
Abraham wusste, was mit Isaak geschehen sollte als er mit ihm zur Opferstelle ging. Ich fühlte auch, dass es bei meiner Tochter keine Kleinigkeit sei und getraute es anfangs meiner Tochter nicht zu sagen. Gott hat uns wie Abraham und Isaak damals Rettung geschickt. Einige Jahre vor ihrer Erkrankung wäre meine Tochter jetzt im Rollstuhl oder sogar schon tot.

Sie werden sich fragen, ob ich das auch so schreiben würde, wenn meine Tochter gestorben wäre. Oder was für mich noch schlimmer wäre, für immer im Rollstuhl sitzen müsste und langsam sterben würde, bis sie erst in einigen Jahren tot wäre. Für mich wäre das Leid ein größeres, wenn ich sie noch länger so leiden hätte sehen müssen. Wenn sie gestorben wäre, hätte ich sie bis dahin seelisch, aber auch körperlich (ich habe es schon einige Male erlebt, dass ich ihr Schmerzen lindern oder abnehmen konnte) getragen. Ich wäre mit ihr gestorben, das heißt, ich hätte sie bis zur Schwelle des

Todes begleitet. In einem Lied heißt es: „Tausend Engel mögen dich geleiten."

Ich weiß, dass ich auch todtraurig gewesen wäre, weil sie mir fehlen würde. Weil es schön ist, wenn sie mir sagt, dass sie mich lieb hat oder dass wir es zu Hause gemütlich haben. Oft nehmen wir uns in die Arme und streicheln uns, das wäre dann nicht mehr möglich.

Damit will ich sagen, dass es für mich sehr schmerzlich ist, wenn eines meiner Kinder stirbt. Für sie aber freue ich mich, weil sie dann dort sind, wo ich schon gerne wäre. In dem Zustand den wir Christen Himmel nennen, in der Geborgenheit Gottes. Alles Leid was sie auf Erden ertragen müssten, bleibt ihnen erspart. Und die Freuden? Keine Freude kann so groß und schön sein, dass sie die Nähe Gottes aufwiegen könnte.

Kurz nach dem ersten Schub bei meiner Tochter waren wir eingeladen, im Fernsehen über unsere todesnahen Erlebnisse zu berichten. Wir hatten beide zu verschiedenen Zeiten Verkehrsunfälle. Beide haben wir den Tod „überlebt", doch jede mit ganz anderen Eindrücken. Meine andere Tochter war unter den Zuschauern und konnte daher die Reaktion einer Schulklasse mit ca. zwölfjährigen Jungen beobachten. Als ich darüber sprach, wie es mir meiner Meinung nach, beim Sterben meiner Kinder gehen würde, waren die Buben entsetzt. „So einer Mutter kündige ich", sagte einer. Meine Tochter war versucht ihnen zu erklären, dass ich ihnen ja damit nicht das Sterben wünsche und auch nichts Schlimmes antun würde. Sie hat es aber nicht, damit sie keinen Tumult im Publikum verursachte.

Ich glaube auch nicht, dass Gott „versucht" oder „prüft". Mit anderen Menschen teile ich die Meinung, Gott hat es nicht nötig zu prüfen oder in Versuchung zu bringen, weil er vorher schon unsere Reaktion kennt. Mein Glaube sagt mir, Gott will mich führen, er will mich lenken, er will mich durch Erfahrungen reifen lassen. Er will mich zur Weisheit führen, zum Verständnis für die Sorgen und

Nöte anderer Menschen. Wirklich verstehen kann man sehr oft nur durch eigene Erfahrungen und Erlebnisse, wohl aber auch durch Meditation, weil man da jede Situation „erleben" und fühlen kann. Weiters glaube ich auch, dass mich dieser Weg in „Gottes Arme" führt.

Vielleicht können sie es nicht verstehen, aber als die Not meiner Tochter am größten war, habe ich aus voller Seele und tiefstem Herzen Gott um seinen Segen für mein Kind gebeten. Das heißt, Gott möge diesem Mädchen, das ich inständig liebe, Kraft und Mut geben, im Leben, aber auch beim Sterben. Ich war voll Dankbarkeit, dass ich dieses Mädchen einundzwanzig Jahre lang lieben durfte. Dass Gott mir für einundzwanzig Jahre dieses Kind geschenkt hat. Dass er mir die Gnade erteilte, einundzwanzig Jahre Freude aber besonders auch das Leid, wovon sie trotz ihrer Jugend schon einiges erfahren musste, teilen zu dürfen. Hätte er mir dieses Kind nicht geschenkt, wäre mir sehr vieles verloren gegangen. Durch dieses Kind habe ich so viel gelernt, was logischerweise auch für meine andere Tochter gilt, doch in diesem Moment ging es um jene Tochter. Ich betete sehr oft: „Gott, Du hast sie gegeben, Du hast auch das Recht, sie jederzeit zu nehmen, aber wenn es möglich ist, lass, den Kelch an mir vorübergeh,n." Ich weiß nicht, ob er mich erhört hat oder ob es sein Beschluss war, mein Kind noch nicht nach Hause zu nehmen.

Er musste uns dadurch auch nicht bewusst machen, welche Aufgaben sie noch zu erfüllen hat, weil ihr das schon nach dem Unfall einige Jahre vorher klar war. Er hat uns vielmehr bewusst werden lassen, wie viel Liebe durch Leid frei wird, wie viel Zärtlichkeit, Verständnis und Fürsorge. Meine Töchter und ich gehen im Alltag sehr liebevoll miteinander um, aber in Krisenzeiten sind wir noch mehr füreinander da.

Ich möchte klar und deutlich ausdrücken, dass wir dadurch gewachsen sind. Wie es bei meinen Töchtern genau aussieht, weiß ich nicht, weil ich weit davon entfernt bin, ihre Gedanken zu zensurieren. Mein Selbstvertrauen und meine Selbsterkenntnis sind enorm gewachsen.

Hat mir Gott damit eine Prüfung ablegen lassen? Wenn ja, dann für mein Bewusstsein, denn er wusste vorher schon, wie es kommen wird.

Der Herr segne Dich

Immer wieder sang ich dieses Lied und hielt dabei meine damals einundzwanzigjährige Tochter in den Armen. In langsamen, kleinen Schritten wiegten wir uns im Kreis. Als ihr Schluchzen so stark war, dass ihr ganzer Körper bebte, der von Lähmungen befallen war, änderte ich den Text und sang mit erstickter Stimme: „Der Herr seegnet Dich, der Herr behüütet Dich und gleich weieine iich mit Dirir mit." Beide lachten wir kurz dazu und ich sang unaufhörlich weiter, bis das Beben ihres Körpers aufhörte. Inbrünstig war meine Bitte um den Segen Gottes für dieses wunderbare Mädchen. Der Höhepunkt ihrer Erblindung und Lähmungen war erreicht. Drei Stunden nach dem „Tanz" sagte meine Tochter: „Mama es ist besser." Ich hätte nicht gedacht, dass mir einige Tage nach der TV-Sendung in der meine Tochter und ich über unsere Todesnaherlebnisse erzählten, Gott gleich meine Meinung beweisen lässt.

Nachdem uns die Ärzte damals noch nicht eindeutig sagen konnten, woran meine Tochter erkrankt war, setzten wir uns beide damit auseinander. Wir waren bereit alles was kommt, gottergeben und demütig anzunehmen. Wir fuhren jeden Tag ins Krankenhaus, da meine Tochter ambulant untersucht wurde. Manches Mal musste ich sie fast tragen, so schlecht war sie auf den Beinen. Das Schlucken und Sprechen fiel ihr schwer, ihre Glieder konnte sie kaum bewegen. Als sie nach den Untersuchungen und den ersten Kortison-Infusionen ihre Finger wieder bewegen konnte, komponierte sie eine Melodie: Sie nannte sie „Das flüstern der Bäume." Bevor ich meine Tochter in das Sanatorium am Rosenhügel brachte damit man sie punktierte, wo sie auch einige Tage bleiben musste, spielte sie mir die Melodie zum Abschied auf dem Klavier vor. Wie es uns beiden dabei ging, können sie sich sicherlich vorstellen.

Meine ältere Tochter war die Stärkste von uns dreien, dabei aber sehr liebevoll zu ihrer Schwester. Ich bin ihr dankbar dafür. Gott hat mir schon wunderbare Kinder geschenkt. Ich war bereit, wenn auch mit großen Schmerzen, ihm sein Geschenk wieder zurückzugeben, wenn er es unbedingt wollte. Es gibt wenige Menschen, die mich verstehen. Ich jedoch kann diese Menschen verstehen, denn wer nicht mein Leben gelebt hat, hat auch meine Erfahrungen nicht gemacht, die mich prägen.

Krankheit als Begegnung

Als wir einmal in einer Gruppe über Krankheiten sprachen und ich die Situation mit meiner erkrankten Tochter erzählte, meinte jemand aus der Runde: „Da geschieht Gottesbegegnung." Diese Antwort war für mich wunderbar und eröffnete mir wieder einmal einen tiefen Einblick in den „Willen Gottes". Wen Gott liebt, züchtigt er. Durch die schwere Krankheit meiner Tochter wurde mir trotz oder gerade wegen der großen Sorge und Angst, ich könnte sie verlieren, oder sie müsste den Rest ihres Lebens im Rollstuhl verbringen, bewusst, wie viel Liebe durch solche Ereignisse frei werden. Es war ein Mann der darauf antwortete, dass es schade sei, wenn es dazu solch schlimmer Erlebnisse bedarf. Es ist aber so: „Wo nichts ist, wird nichts." Also, zwischen meinen Kindern und mir herrscht schon eine außergewöhnliche Harmonie. Ich habe auch ein ganzes Leben daran (an mir) gearbeitet. Ich spüre oft, wenn es einer meiner beiden Töchter schlecht geht - im Besonderen aber bei der Tochter, die damals so schwer erkrankt war und nicht mehr ganz gesund geworden ist. Aber auch die Mädchen untereinander spüren, wenn eine von ihnen in Gefahr ist oder wenn es einer schlecht geht. Manches Mal bräuchten wir kein Telefon um uns zu verständigen. Wahrscheinlich ist es dann meine positive Energie, die ich an die Tochter die gerade Hilfe braucht, sende. Diese Energie vermittelt ihnen Durchhaltekraft - haben mir die beiden öfter erzählt. Oder ist es Gottes Segen, um den ich jedes Mal dabei bitte, der ihnen hilft? Ich denke, jeder kann es nach seinem Ermessen benennen. Ich bin davon überzeugt, dass es etwas gibt, was wir nicht sehen, nicht verstehen, aber wahrnehmen können und das ist für mich Gott.

Als ich zu Beginn der Krankheit meiner Tochter vor Kummer, Sorge und Angst so voll war, dass ich es nicht mehr ertragen konnte, betete ich um Hilfe, damit ich stark sein könne. Mein Blick fiel auf eine Kerze aus

Maria Taferl auf der die Pieta abgebildet war. Ich nahm diese Kerze vom Kasten auf dem sie stand, stellte sie auf den Tisch und betrachtete sie. Ja, so wie es Maria in diesem Moment erging, geht es mir jetzt auch, dachte ich. Ich habe sie beneidet, weil es bei Maria nur einige Stunden dauerte, wo sie die Qual ihres Sohnes mit ansehen musste - bei mir waren es aber schon Wochen. Wochen ohne oder nur wenig Schlaf, Mitgefühl für meine Tochter, Tränen und Angst. Zweifel am Wort Gottes. Meiner Meinung nach hatte er mir bei meinem Unfall vor Jahren versprochen, meinen Töchtern zwar Leid, weil es formt, aber doch kein schweres Leid zufügen zu lassen. Wird er sein Wort halten? War es damals das Wort Gottes das ich fühlte oder war es nur Einbildung? So sehr ich davon überzeugt bin, die Eingebungen die ich immer wieder habe, sind Gottes Werk, da es mir so oft bestätigt wird, zweifle ich doch immer wieder, ich könnte es mir doch nur einbilden. Nachdem mir noch dazu ein Priester ein paar Mal sagte: „Das bildest du Dir alles nur ein", steht mein Vertrauen auf noch schwächeren Beinen.

Dieses Mal hat mir Gott wieder gezeigt, dass ich mich auf sein Wort verlassen kann. Zwar leidet meine Tochter immer noch an dieser Krankheit, aber mit Medikamenten kann sie ganz gut damit leben. Seit Kortison dagegen eingesetzt wird, hat sie den Stachel des Siechtums und baldigen Todes verloren. Kurze Zeit vor dem Ausbruch war diese Krankheit noch sehr schlimm.

Zurück zur Kerze aus Maria Taferl: Ich getraute mir die Kerze nicht anzuzünden, um meine Tochter nicht auf meine ausgestandene Angst aufmerksam zu machen. Am nächsten Abend, wir hielten uns wie so oft in den Armen, erzählte sie mir, dass sie große Angst hätte. Nun gestand ich ihr meine Ängste: „Ich habe auch Angst, ich habe schreckliche Angst um Dich." Da schaute sie mich an und tröstete mich mit den Worten: „Mama, es wird nicht so schlimm werden." „Und wenn es so schlimm wird?" fragte ich zurück. Wieder ein kurzer Blick von ihr, dann sagte sie: „Dann werden wir es auch schaffen!" Ich erzählte ihr von der Kerze und dass ich sie nicht getraut habe anzuzünden. „Komm zünden wir sie an", meinte sie. Wir zündeten sie in dieser schlimmen Zeit oft an. Nun sprachen wir immer offen und ehrlich über die Situation und das war gut und richtig so.

Nachdem sich meine Tochter ein bisschen erholt hatte, lud ich meine Nachbarin zu einem Tagesausflug nach ihren Wünschen ein. Die Nachbarin wollte nach Maria Taferl, weil sie noch nie dort war. Also fuhren wir nach Maria Taferl. Auf dem Weg vom Auto zur Kirche fühlte ich etwas, das ich nicht beschreiben kann. Nach der Meditation schauten wir uns die Souvenierläden an, bei denen ich jedes Mal, wenn eine Kauffrau wie ein Marktweib ihre Waren anbietet, an Jesus denken muss, der die Händler aus dem Tempel hinauswarf.

Trotzdem kaufte ich etwas - eine Kerze mit dem Spruch von Dietrich Bonhöfer, der mich immer wieder tief berührt.

Von guten Mächten wunderbar geborgen,
erwarten wir getrost, was kommen mag.
Gott ist mit uns am Abend und am Morgen
und ganz gewiss an jedem neuen Tag.

In diesem Moment berührte mich der Text besonders, da ich einige Jahre vorher auch die Kerze mit der Pieta hier in Maria Taferl kaufte.

Weshalb die Trauer schmerzt

Wer von Ihnen hat noch keine Trauer durchlebt? Verursacht doch jede Trennung Abschied und Abschied löst mehr oder weniger Trauer aus. Das beginnt schon bei der Geburt. Wir erleben mit dem Durch-<u>trennen</u> der Nabelschnur den ersten Abschied in unserem Leben.

Man müsste daher annehmen, es ist ganz normal, dass man eine Zeit braucht, um den Abschiedsschmerz zu durchleben. Das ist meistens auch so, doch es gibt Situationen, in denen es nicht in gewohnter Weise abläuft.

Es gibt einige Gründe dafür:

Eine Blockade, das heißt, ein eigenes Erlebnis in der Vergangenheit, an das man sich vielleicht gar nicht mehr erinnert, oder energetisch von Generationen übernommen hat.

Die Sorge um das Wohlergehen nach dem Tod des Verstorbenen, den man liebte.

Einsamkeitsgefühl bzw. nicht alleine wohnen oder leben können/wollen.

Angst davor, die Verantwortung die bisher der Verstorbene getragen hat, zu übernehmen.

Schuldgefühle: Ich habe das Gefühl, mich schuldig gemacht zu haben. Ich habe mir zu wenig Zeit für den Verstorbenen genommen, oder ich war nicht feinfühlend, zärtlich, aufmerksam, fürsorglich genug. Hätte ich gewusst, dass er oder sie bald stirbt, hätte ich Das oder Jenes ganz anders gemacht, sind oft die Worte von den Personen, die mich um ein Trauergespräch ersuchen.

Ich bin der Meinung, dass ein Toter fühlt was im Leben abgelaufen ist. Dass es für einen Toten nicht mehr wichtig ist, ob der Angehörige diesen oder jenen Fehler gemacht hat, wenn all das Verhalten nicht aus Grausamkeit oder Lieblosigkeit verursacht wurde: Allein die Liebe zählt.

Schuldgefühle

Schuldgefühle können für Trauernde zermürbend sein, helfen aber den Verstorbenen nicht. Im Gegenteil, Tote möchten, dass es ihren Hinterbliebenen gut geht, dass sie glücklich sind, denn diese Energie geben sie an die Toten weiter.

Ich möchte von einer besonderen Erfahrung erzählen, die ich vor Jahren gemacht habe. Ein Erlebnis das eine intensive Begleiterfahrung für mich war. Ich begleitete eine begleitende Angehörige. Das heißt, ich begleitete die Ehefrau eines sterbenden Mannes. Sie waren kinderlos. Die Frau hatte ich schon nach dem Tod ihrer Mutter und auch nach dem Tod ihres Bruders begleitet. Als ich Wochen bevor ihr Mann verstarb ihr nahebringen wollte, dass ihr Mann bald sterben könnte, war sie dafür nicht offen und ich habe das so akzeptiert, wie es war. Als er dann sterbend im Krankenhaus lag, wollte sie Tag und Nacht bei ihm sein.
Sie fuhr nur zum Essen und zum Pflegen nach Hause. Ich habe ihr ermöglicht, dass sie eine Liege neben dem Bett ihres Mannes bekam. Einmal täglich fuhr ich ins Krankenhaus, damit sie sich im Park ein bisschen entspannen konnte. Als ich am letzten Abend ins Krankenhaus kam, fühlte ich, dass der Mann von Emma in dieser Nacht sterben würde. (Emma ist ein frei erfundener Name.) Als Emma von ihrem Rundgang zurückkam, sagte ich ihr das. „Was habe ich da zu tun?" fragte sie mich. Ich muss dazu sagen, dass sie beim Tod ihrer Mutter, sowie bei dem ihres Bruders nicht anwesend war. Also erklärte ich ihr: „Wenn Du das Gefühl hast Dein Mann ist tot, hole keine Krankenschwester, sondern lese ihm leise (es waren ja noch andere Patienten im Zimmer) vor, oder erzähle ihm

irgendetwas. Es ist gar nicht wichtig was. Er soll nur Deine Stimme hören." Auf ihre Frage wie lange sie das tun sollte, riet ich ca. eine Stunde. Dann fuhr ich nach Hause. Ich war an dem Tag sehr verkühlt und hatte Fieber, ging daher bald ins Bett. Um Mitternacht wurde ich plötzlich wach und konnte nicht mehr einschlafen. Um ein Uhr klingelte das Telefon. Emma war am Telefon und erzählte, dass ihr Mann um vierundzwanzig Uhr verstorben war und sie ihm eine Stunde ins Ohr gesprochen hatte. Nun sei sie im Schwesternzimmer und ersuche mich, sie abzuholen. Auf der Fahrt ins Krankenhaus überlegte ich, warum sie kein Taxi nahm, sie fuhr ja sonst auch mit dem Taxi. Sie ließ mich dann auch nicht von ihr nach Hause fahren. Sie wollte unbedingt, dass ich bei ihr schlafe. Ich lag im Bett des Verstorbenen, das frisch überzogen war und ich hatte damit auch kein Problem. Trotzdem konnte und konnte ich nicht einschlafen. Da wurde mir bewusst, dass ich im Raum jemand fühlte, nicht greifbar, sondern nur fühlbar. Mir wurde klar, dass es die Seele oder der Geist von Gerhard, dem Ehemann von Emma war. Ich fragte Emma, ob sie ihn auch fühle, das tat sie aber nicht. Nach einiger Zeit fragte ich wieder, „Fühlst du es nicht? Gerhard ist hier, aber nicht über seinem Bett, sondern über dir. Er verabschiedet sich." „Nein, ich fühle überhaupt nichts." meinte sie. „Wie fühlst du es?" wollte sie wissen. Das konnte ich aber nicht erklären. Wir sind dann doch beide eingeschlafen. Ich war zum Begräbnis eingeladen und begleitete sie auch durch ihre Trauer, in der anfangs nichts besonders auffällig war. Erst nach einigen Monaten rief sie mich mit den Worten an, sie würde mit ihrem schlechten Gewissen nicht fertig. Ihr schlechtes Gewissen wurde durch folgendes Verhalten von ihr ausgelöst. Gerhard hatte andauernd Durchfall und bekleckerte auch das Bett beim Essen und beim Trinken. Sie musste zwei bis drei Mal täglich die Bettwäsche wechseln. Dabei verlor sie manchmal die

Geduld. „Hätte ich gewusst, dass er so bald sterben wird, hätte ich mehr Geduld aufgebracht", meinte sie.

Dann war da noch etwas, worüber ich mit ihrer Erlaubnis schreiben darf, weil sie niemand kennt.

Sie ist, wie man so sagt, fremdgegangen. Ich möchte nicht sagen, dass sie ihren Mann betrogen hat, weil sie ihn oft angefleht hat, wegen seiner Potenzprobleme einen Arzt aufzusuchen, was er nicht tun wollte. Emma hatte aber starkes Verlangen nach Sex und hatte daher auch seit Jahren einen Liebhaber. Nun bereute sie das aber sehr, in der Meinung Gerhard damit verletzt zu haben, obwohl er so lange er lebte keine Ahnung davon hatte. Wir vereinbarten einen Termin für ein Gespräch, um darüber zu reden. "Gemeinsam schaffen wir das", versprach ich Emma. Ich kannte doch ihre Lebensgeschichte inzwischen von Anfang bis zum Ende. Um den rechten Zugang zum Gespräch zu finden, meditierte ich. Warum ich mich im Geiste auf einer Altarstufe befand, weiß ich nicht. Doch dabei wurde mir sonnenklar, warum ich es sein musste, die Emma vom Krankenhaus nach Hause fuhr und bei ihr schlafen musste. Nämlich, um den Geist oder die Seele von Gerhard zu fühlen. Noch dazu hatte ich damals einen Satz gesprochen, der nun ganz wichtig war: „Er verabschiedet sich."

So konnte ich ihr vermitteln, dass ihr Verhalten für Gerhard nicht falsch war, sonst wäre er uns nicht aus dem Krankenhaus gefolgt, um sich von ihr zu verabschieden. Seine Energie, seine Seele oder sein Geist war über ihrem Körper. Nicht in seinem Bett, nicht in seinem Stuhl oder wo er sich sonst noch bei Lebzeiten aufhielt. Nachdem mir diese Energie ein gutes, harmonisches, freundliches, also positives Gefühl vermittelte, kann es nur gut gewesen sein, was Gerhard für Emma empfunden hatte, als er noch lebte.

Ich glaube, das war Liebe - Liebe wiederum ist Energie.

Ein anderes Beispiel für Schuldgefühle:
Besser jedoch ist Geduld, steht im Totenbuch des Islam über das Weinen um den Toten. Im ersten Moment dachte ich: „Was hat Geduld mit Abschied und Trauer zu tun?" Doch inzwischen ist mir einiges bewusst geworden. Jeder Verlust verursacht eine Wunde. Ob das nun ein Bein oder Arm ist, der Blinddarm oder ein anderes Organ, welches durch eine Operation entfernt wurde. Beim Körper ist es uns klar, dass man Geduld braucht, um die Wunde heilen zu lassen, damit der Schmerz vergeht. Bei der Seele funktioniert es doch genauso. Der Verlust eines Menschen der uns nahe stand, verwundet die Seele. Diesen Schmerz nennen wir Trauer und genau wie beim Körper, braucht es Geduld bis dieser Schmerz vergeht. Wie bei einer Krankheit oder einer Operation, müssen wir die Wunde heilen. Bewusst Abschied nehmen und die Trauer akzeptieren, sind wohl die ersten Schritte. Besondere Sorgfalt bedarf es bei einem plötzlichen Tod oder bei dem Verlust eines jungen Menschen, weil oft keine Zeit zum Verabschieden bleibt.

Durch die Telefonseelsorge kam eine Frau zu mir, deren Sohn vor ca. drei Jahren an einer Überdosis von Rauschgift gestorben war. Die Mutter vermutete, dass es kein Selbstmord war, sondern Ungeschicklichkeit ihres Sohnes, so drückte sie es aus.
Wir hatten ein sehr gutes Gespräch - die Mutter und ich. Sie konnte sich öffnen und brachte mir viel Vertrauen entgegen.
Da sie aber keine Geduld hatte und gerne eine Antwort gehört hätte, hatte sie schon einige Versuche wie „Tischerlrücken" etc. hinter sich, wodurch sie unbedingt erfahren wollte, wie es ihrem toten Sohn jetzt ginge. Sie fragte mich, ob ich ihr das sagen könnte. Ja, ich bin auch ein Medium und habe des Öfteren dadurch den Trauernden helfen können, aber nur dann, wenn es zur Trauerbewältigung nötig ist. Bei dieser Frau wollte und

durfte ich natürlich nicht, denn aus Neugierde wäre es nicht richtig gewesen. Ich könnte ihr aber helfen eine Antwort zu bekommen, wenn sie die Geduld dazu aufbringen würde, sagte ich zu ihr. Ich hätte ihr gerne geholfen mit ihren Schuldgefühlen umzugehen. Sich selber verzeihen, weil sie die Hilferufe ihres Sohnes missachtet hat, was ich aus ihrem Erzählen heraushörte. Dieses sagte ich ihr selbstverständlich nicht, sie hätte sich dadurch doch nur noch schuldiger gefühlt und das wäre auch nicht richtig gewesen.

Ich kann jemand begleiten auf dem Weg des Abschiednehmens, wofür oft durch einen plötzlichen Tod keine Gelegenheit war, wie ich erwähnte.
Dieser Frau wäre ich gerne beigestanden, damit sie sich öffnen könnte für die Antwort Gottes, die sie ganz sicher eines Tages erfahren würde. Schritt für Schritt mit ihr gehen, den Weg der Trauer, der oft durch die Hölle führt, bevor man das Licht erreicht. Weil es doch nicht leicht ist, die eigene Unzulänglichkeit zu akzeptieren, noch dazu, wenn es eventuell das Leben des einzigen Sohnes gekostet hat. Doch hat man Geduld, wird man emporsteigen wie eine Taube, eine Friedenstaube, den jeder der den Tod akzeptiert, wird Frieden verbreiten und vor allem, selber den Frieden in sich erfahren.
Doch nur mit der nötigen Geduld!

Eine andere Frau wurde nach dem Tod ihres Vaters von Gewissensbissen gequält, das ging so weit, dass sie Panikattacken bekam und ihr einige Therapeuten nicht heraus helfen konnten. Im Gespräch konnte ich von ihr Folgendes erfahren: Sie hatte einige Zeit bevor der Vater krank wurde, zu ihrer Mutter gesagt: „Hoffentlich stirbt der Vater vor dir, weil mit ihm alleine sein, kann ich nicht ertragen, da er doch dauernd mit mir streitet." Nachdem ich mir von dieser Frau ihre Erlebnisse mit dem Vater von Kindheit bis zu seinem Tod erzählen ließ, wusste ich, dass er eine schwere Sünde an seiner Tochter begangen hatte. Er hatte ihr seine Vaterliebe verweigert. Dementsprechend habe ich mit dieser Frau gesprochen. Einige Wochen danach schickte sie mir ein Mail und bedankte sich dafür, dass ich ihr geholfen habe, wieder ohne Panikattacken leben zu können.

Einmal kam eine neunzehnjährige Frau zu mir, weil ihr Lebensgefährte der ein oder zwei Jahre älter war als sie, plötzlich gestorben war. Die beiden hatten am Abend ein Streitgespräch und am nächsten Morgen lag der junge Mann tot im Bett. Dadurch musste er in die Gerichtsmedizin und die Bestattung fand erst einige Zeit später statt. Diese Frau wollte auch, dass ich ihr sage, ob er noch böse ist auf sie und ob es ihm gut geht. Auch bei ihr bestand ich darauf, ein Gespräch zu führen. Einige Tage danach kam sie wieder und wollte diese Fragen durch eine schamanischen Reise erfahren. Dafür musste sie bezahlen, da ich das nicht ehrenamtlich mache. Nachdem ich fühlte, dass sie nicht „reif" dafür ist, kuschelten wir uns beide auf die Couch und ich las ihr einiges vom kleinen Prinzen vor, dabei sagte ich ihr, Du bist eben in dieser Situation u.s.w. Es war ein liebevolles Gespräch und plötzlich fühlte ich, jetzt ist der richtige Moment, dass sie die Reise machen darf.
Ich begleitete sie auf dieser Reise, wie ich es üblicherweise mache:

Sie ging eine Straße entlang, und entlang, und entlang. Da traf sie dann auf einige Kinder. Ich ließ ihr etwas Zeit für die Kinder, dann fragte ich: „Bist Du bereit zurückzugehen?" Sie war es nicht, denn sie wollte die Kinder in ein Tal bringen. Auf meine Aufforderung, na tu es, meinte sie, dass da eine Steilwand ist und sie kann die Kinder nicht alleine da hinunter bringen. Da half ich ihr dabei, bis alle Kinder unten waren. Wieder habe ich ihr Zeit für die Kinder gelassen. Als ich wieder fragte, ob sie nach Hause zurückkehren kann bzw. will, meinte sie, dass sie die Kinder erst wieder auf die Straße hinaufbringen müsse. Auch dabei habe ich ihr geholfen. Als sie wieder mit den Kindern auf der Straße stand, konnte sie auch noch nicht zurück, weil sie die Kinder in Sicherheit bringen wollte. Sie ging nun mit den Kindern gemeinsam auf der Straße weiter, kam in eine Stadt und traf auf eine alte Frau, der sie die Kinder übergeben hatte. Nun hat sie sich liebevoll und wertschätzend von allen verabschiedet und kehrte zurück.

Vor der Reise legte ich ihr ein Tuch über ihre Augen. Als ich gerade überlegte, welche Aussage diese Reise hatte, nahm sie das Tuch von den Augen, setzte sich auf und sagte ganz glücklich: „Ich wusste nicht, dass es im Tod so schön ist." Sie strahlte vor Erleichterung, so sehr, dass wir über das Begräbnis das am nächsten Tag stattfand sprachen. Sie sollte dabei achtgeben, nicht zu sehr zu strahlen, denn das könnte von den anderen Trauernden als Lieblosigkeit ausgelegt werden. Nach dem Begräbnis hat sie mich angerufen um sich für meine Hilfe zu bedanken. Freilich war sie traurig, weil der Mann den sie liebte nicht mehr bei ihr war. Dass sie aber erfahren hat, wie gut es ihm Danach geht, hat sie dafür entschädigt.

Der Tod meines Kletterpartners

Als wir uns das erste Mal auf der Eicherthütte gesehen hatten, war Günter sechzehn Jahre alt. Ich war sieben Jahre älter als er und in meinen Augen war er ein Bub. Da er fast jedes Wochenende auf der Hohen Wand verbrachte, war er immer dort wenn ich alle paar Monate hinauf kam. Es ist aber manchmal vorgekommen, dass er, als ich ankam auf einer anderen Hütte war. Dann kam er und sagte, dass er gehört hatte, ich sei „auf der Wand" und deshalb zu mir gekommen ist. So ging das jahrelang dahin. Er hat oft die ganze Hütte und/oder das Matratzenlager unterhalten. Deshalb hatte ich mir nie ein Zimmer genommen, sondern hatte mit meiner Tochter am Lager geschlafen. Die Frauen umschwärmten ihn, wie die Motten das Licht.

Erst ca. zweieinhalb Jahre vor seinem Tod hatte sich eine innige Freundschaft und Kletterkameradschaft zwischen uns entwickelt. Wir verbrachten jedes zweite Wochenende miteinander. Er war inzwischen älter und reifer geworden. Von da an gab es keine andere Frau für ihn als mich. Anfangs freute er sich, dass es eine Frau gab, die ihn nicht wegen Sex mochte. Doch nach ca. zweieinhalb Jahren wollte er mich ganz als Frau haben. Da ich aber das Gefühl hatte, er sei ein Lebemann und weil er viel jünger war als ich, habe ich nur Freundschaft zugelassen. Auf seinen Antrag habe ich ihm geantwortet: „Als Frau nimmst du dir eine andere und mich behältst du als Kumpel zum Klettern." Er gab mir zur Antwort, wenn er mich verlieren würde, würde er sich vom Edelweissteig „fallen" lassen. Während dieses Gespräches saßen wir eng nebeneinander in der kleinen Höhle nach der Querung kurz vorm Ausstieg des Edelweissteiges, in der auch das Tourenbuch bzw. Steigbuch aufliegt. Er hat mir immer viel erzählt, hier an diesem Steig aber betonte er: „Ilse jetzt erzähle ich dir etwas, das ich noch niemandem erzählt habe." Das dürfte der unbewusste Abschied gewesen sein. Einige Wochen danach ist er genau an dieser Stelle abgestürzt. Ich denke, da ist es kein Wunder, dass ich siebzehn Jahre lang unter Schuldgefühlen gelitten habe.

NACHRUF AN GÜNTER
Die Berge war,n Dein größtes Glück
Drum bleibst Du dort wohl auch zurück.
Dein Leben war nicht immer Freud
Doch hier vergaßt Du manches Leid -
Hast manchmal tief ins Glaserl g´schaut
Und wechselst öfter Deine Braut
Die Gitarre spieltest wunderschön
Doch Dich werden wir nie mehr seh,n
Zum letzten Mal gabst uns die Hand
Leb, wohl
sagen Deine Freund der Wand

am Berg geblieben am 8. Mai 1976

Siebzehn Jahre später:

Ich war zur Zehnjahresfeier des Mobilen Hospizes der Caritas Wien eingeladen. Dort traf ich drei Personen die ich kannte: Dr. Zdrahal den Leiter des Mobilen Hospiz, den ich kannte, da er uns bei einigen schwierigen Fragen zur Organisation der Arbeitsgemeinschaft Haus des Friedens beraten hatte.

Dr. Erich Aigner, der unser Begleiter in der Arbeitsgemeinschaft war und bis kurz vor unserem Treffen dieser Zehnjahresfeier des Öfteren die Weiterbildungstreffen leitete.

Mag. Helmut Schüller, der damals die Caritas leitete und den ich aus dem Friedensbereich kannte.

Als Erich, Helmut und ich in einer Pause zusammenstanden und uns über die Arbeitsgemeinschaft Haus des Friedens unterhielten, fragte Helmut den Erich: „Kannst du dich noch erinnern, wie ihr bei eurer Gründung 1983 bei uns am Stephansplatz angefragt und als Antwort bekommen habt: Bei uns will vom Sterben niemand etwas wissen?"

Ich bat Erich bei dieser Gelegenheit, noch ein Weiterbildungstreffen mit uns abzuhalten, da er ja seit einiger Zeit in Pension war. In der Arbeitsgemeinschaft Haus des Friedens, hatten wir monatlich an einem Samstag Weiterbildung. Wir vereinbarten einen Termin und wählten als Thema: „Trauerbegleitung ist Gefühlsarbeit".

An diesem Samstag war außer uns Begleiterinnen und Begleitern eine Frau als Gast dabei. Ich weiß heute nicht mehr, ob ich sie eingeladen hatte oder Erich. Erich war Psychiater und die Frau hatte einen Trauerfall in der Familie, ihr Schwiegersohn war gestorben. Deshalb wollte uns Erich mit dieser Frau wieder ein Trauergespräch „vorzeigen". Als Erich dieser Frau erklärte, dass nicht nur der Tod eine Trennung verursacht, sondern auch Scheidungen, passierte folgendes: Ich dachte, ich hätte in all den Jahren die

Schuldgefühle im Griff und sagte: „Nur, bei Scheidung kann man sich noch entschuldigen." In dem Moment kamen bei mir die Schuldgefühle hoch. Unkontrollierbar und gewaltig. Eine Kollegin stellte sich vor mich und reichte mir Taschentücher bis ich mich beruhigt hatte. Erich meinte daraufhin, dass jetzt ich drankommen sollte. Mit einigen Sätzen erklärte ich, was in mir vorging. Die erste Antwort von Erich werde ich nie vergessen:

„Niemand ist Schuld am Tod eines anderen Menschen, außer er hat ihn absichtlich herbeigeführt."

Monatelang nach Günters Tod bin ich nachts wachgeworden, weil ich im Bett stand und Günter mit den Armen auffangen wollte. Oder durch mein Rufen: „Warum gerade da?" Als ich deswegen einen Psychiater aufsuchen wollte, Psychotherapeuten gab es zu dieser Zeit noch nicht, haben mir aber zwei Krankenschwestern aus meinem Bekanntenkreis davon abgeraten. Sie meinten, da ich einen verantwortungsvollen Job hätte, würde es mir vielleicht schaden, dass ich in der Psychiatrie war. Deshalb habe ich mich an diesen Rat gehalten und hatte daher auch niemanden der mir geholfen hätte, mit den Schuldgefühlen fertig zu werden. Die ganzen Jahre stellten sich bei einem bestimmten Lied meine Haare an den Armen kerzengerade auf und in meiner Brust war mir kalt, so, dass ich die Hände darauf gelegt habe.
Erich hat mir aber mit seinem ersten Satz schon sehr geholfen.

Dann forderte er mich auf: „Ilse, du schreibst doch so viel, schreibe ihm." „Zu schreiben habe ich schon öfter probiert, aber dann falle ich immer ins schwarze Loch und brauche wieder einige Tage um heraus zu kommen." antwortete ich. Da klärte mich Erich auf, dass ich nicht beschreiben sollte, sondern Günter einen Brief schreiben sollte, dahin, wo er jetzt ist. Als ich von diesem

Seminar nach Hause kam, habe ich das gleich gemacht. Es hat Wunder gewirkt, denn ich habe das geschrieben, was ich ihm sagen würde, wäre er nicht tot. Damit habe ich mich von den Schuldgefühlen befreit. Ich musste den Brief allerdings noch oft lesen. Ich trug ihn monatelang in meiner Handtasche mit und bei manchen Gelegenheiten habe ich ihn schnell herausgeholt und gelesen, dann ging es mir gleich wieder besser. Eines Tages war ich frei von den Schuldgefühlen.

Ein Schnippchen geschlagen

Es gibt Menschen, welche nicht sterben wollen, andere, die schon sterben möchten und von den Angehörigen nicht „losgelassen" werden, was für die Sterbenden ganz sicher nicht leicht ist.

Über so ein Verhalten hat mir eine Frau bei einem Trauergespräch erzählt. Sie war geschieden, weil sie mit 60 Jahren den Rest ihres Lebens mit ihrer Mutter verleben wollte. Die Mutter war an die 90 und seit einiger Zeit kränklich. Die Tochter verkaufte daher die kleine Wohnung ihrer Mutter und auch ihre eigene, um für sie beide eine größere zu kaufen.

Sie wollte ein Engel für ihre Mutter sein und war der Meinung, die Zuneigung und Liebe, die ihre Mutter ihr als Kind entgegen gebracht hatte, will sie der Mutter jetzt vergelten. Sie sorgte auch für ihre Mutter, als wäre die Mutter ihr Kind. Sie fühlte jedoch, dass ihre Mutter immer schwächer und schwächer wurde, wollte aber nicht, dass sie stirbt, ehe sie wenigstens einige Jahre Mutterstelle an der Mutter vertreten durfte.

Eines Tages, als die Mutter wieder mit der Rettung ins Krankenhaus gebracht wurde, wollte die Tochter wie gewöhnlich mit dem Hund im eigenen Wagen nachfahren. Was sie auch getan hatte. Die Mutter war aber im Krankenwagen gestorben. Die Schuldgefühle der Tochter, weil sie beim Übertritt in den Tod nicht bei ihrer Mutter war, waren so groß, dass sie Hilfe brauchte.
Am Ende unseres Gespräches konnte sie es annehmen, dass ihr die Mutter ein Schnippchen geschlagen hat und in der kurzen Zeit, die sie ohne Tochter sein durfte, das Weite gesucht hatte. Selbstverständlich habe ich nicht die gleichen Worte verwendet, aber sinngemäß war es so. Wenn die Lebenszeit eines Menschen abgelaufen ist, darf man ihn nicht zurückhalten, sonst ist man ein Engel mit gestutzten Flügeln.

Das Trauerjahr

Ich hatte immer schon das Gefühl, dass die Trauer im Durchschnitt ein Jahr anhält. Das heißt, ein Arzt sagte mir vor vielen Jahren, die tiefe Trauer eines gesunden Menschen sollte nach ca. einem halben Jahr vorbei sein. Wohlgemerkt die tiefe Trauer. Der Schockzustand und das Unverständnis dafür, was sich verändert hat im eigenen Leben. Die Trauer und das Abschiednehmen, ist damit noch nicht abgeschlossen. Mein Gefühl für ein Jahr kam daher, weil ich seit meiner Jugendzeit die Erfahrung machte, dass ich in einem Halbjahreszyklus lebe. Zweimal ein halbes Jahr, ergibt ein Jahr. Ein halbes für die tiefe Trauer und ein weiteres halbes Jahr zum Abschiednehmen. Ich glaube aber auch, dass man immer wieder traurig darüber sein wird, den Menschen welchen man liebte und bis über den Tod hinaus liebt, fürs Leben verloren zu haben. Außerdem bin ich der Meinung, seit es das Gefühl der Trauer durch den Tod gibt, haben die Menschen diese Beobachtung und Erfahrung gemacht. Das Althergebrachte ist sehr sinnvoll, denn die Menschen in früheren Zeiten gingen ja viel aufmerksamer durch das Leben. Sie wurden von keinem Fernsehen oder Fahrzeug abgelenkt. Die Menschen in der heutigen Zeit gehen mit ihrem Leben viel oberflächlicher um. Sie schenken vorher genannten Objekten viel mehr Aufmerksamkeit als dem „Leben". Dem Leben für die Ewigkeit.

Fast am Tag genau am 1. Todestag meines Vaters hatte ich wieder die Erfahrung von einem Jahr des Abschiedes und der Trauer gemacht. Ich traf eine Bekannte, welche ich einige Zeit nicht gesehen hatte und wir tauschten unsere letzten Jahre an Erlebnissen aus. Ihr Vater war inzwischen verstorben und meiner war seit einem Jahr tot. Als sie mir über ihren Umgang mit der Trauer erzählte, wurde mir folgendes bewusst: Ich glaubte, über den Tod meines Vaters glücklich zu sein, weil er nicht leiden musste, weil mein Abschied von ihm schon ein

Jahr vor seinem Tod begonnen hatte und weil ich das Gefühl habe, er ist dort wo ich gerne wäre, in der Herrlichkeit Gottes. Da, wo es keinen Kummer, keine Sorgen, keine Trauer, keinen Schmerz, keine Tränen gibt. Da, wo nichts mehr so wichtig ist, dass es quält. Denn wichtig, dürfte nur die Liebe sein, sonst hätte ich die Botschaften meines Vaters aus dem Jenseits die ich hatte und noch habe, nicht wahrgenommen. Ja, es vermittelt mir ein Glücksgefühl zu wissen, mein Vater ist „gut aufgehoben". Ihm geht es gut und trotzdem habe ich im Unterbewusstsein getrauert. Vor dem Tod meines Vaters habe ich Hals- und Armschmuck abgelegt und seither nicht mehr getragen. Ein oder zwei Tage vor dem Zusammentreffen mit der Bekannten hatte ich das Verlangen, meine Perlenkette anzulegen. Die Monate vorher wollte ich keinen Schmuck tragen und ich dachte, das hat etwas mit dem Alter zu tun oder mit mehr Selbstbewusstsein. Nun aber ist das für mich ein Zeichen, dass ich fast auf den Tag genau, ein Jahr nach dem Tod meines Vaters aus der Trauer erwachte.

Ich habe über den Verlust eines zweiundneunzig jährigen Vaters gesprochen. Eines Vaters mit dem ich schon lange nicht mehr mein Leben teilte. Mit dem ich nicht über meine Sorgen und Probleme sprechen konnte. Den ich nur alle paar Wochen besuchte, da er ja noch meine Mutter, die wesentlich jünger war als er, zur Gesellschaft hatte. Das ist wohl ein nicht so intensiver Verlust, wie das plötzliche Fehlen eines Partners oder Kindes, mit dem man im gemeinsamen Haushalt lebt, mit dem man jede Stunde der Freizeit teilt. Der Tod so eines Angehörigen reißt eine große Lücke.

Beim Tod oder einer Trennung eines Partners kommt meistens noch die Einsamkeit dazu.
Die Einsamkeit und die Hilfe des Partners, der das oder jenes erledigen würde. Dieses Fehlen einer helfenden Person wird von vielen Menschen als Trauer

empfunden. Für mich ist das aber nicht Trauer aus Liebe, sondern für fehlenden Besitz. Ich musste etwas hergeben, was ich gut gebrauchen könnte. Ich habe das jetzt hart ausgedrückt, aber somit kann man ersehen, was ich meine. Ich denke, mit etwas das bewusst ist, kann man besser umgehen, da die Trauerbewältigung eine andere ist. Da hilft man sich besser, wenn man rekonstruiert wie man das oder jenes selber machen kann oder wen es gibt, der mir das oder jenes abnehmen kann. Damit nimmt man sich selber den Zorn über den Verlust des Partners und man erleichtert das eigene Gemüt.

Endlich habe ich das Buch, „Der kleine Prinz" gelesen, das bei so manchem Erwachsenen leuchtende Augen verursachte, wenn sie mir Episoden daraus erzählten, z.B. über den Freund des kleinen Prinzen, dem Fuchs. Mir, wie könnte es anders sein, ist das Sterben des kleinen Prinzen, die eindrucksvollste und liebevollste Episode. Auch das letzte Kapitel Nr. XXVII sechs Jahre nach dem Tod des kleinen Prinzen.

Am Anfang möchte ich Ihnen folgendes sagen: Ich glaube nicht, dass das Eigentliche unsichtbar ist. Ich glaube, man kann durch den Umgang mit unseren Mitmenschen, den Tieren und der Natur, ganz deutlich sehen, wie ein Mensch ist. Mir kommt der Inhalt des Buches so vor, als würde jemand seine Trauer über den Tod eines geliebten Menschen auf liebevolle Weise verarbeitet haben. Über diese Erzählung oder Schilderung liegt das Geheimnis des Todes. Die Liebe, welche durch den Tod aufgerüttelt wird, erweitert, verstärkt und vollendet werden kann. Bei meinem eigenen Verarbeiten des Buches, wurde mir bewusst, warum Tote oft glorifiziert werden. Tote fügen keine Verletzungen zu. Es fällt für die Hinterbliebenen die Angst weg, noch einmal von ihm verletzt zu werden, was im Zusammenleben doch öfter oder weniger oft passiert ist.

Beim kleinen Prinzen ist das Abschiednehmen wunderbar beschrieben. Das nicht Akzeptierenwollen, die Angst, den geliebten Menschen nicht mehr lachen zu hören...... Das Annehmen vom Unabwendbaren und unbedingt Notwendigen. Das Umgehen mit dem Verlust und dem Trost. Die Zärtlichkeit begleitet das ganze Buch und findet durch den Prozess des Sterbens vom kleinen Prinzen ihren Höhepunkt. Er wird auf „Händen getragen" und begleitet bis zum Ende und noch weiter hinaus durch die Erinnerung.

Dieses Buch hat mich tief bewegt und berührt. Mir wurden eigene Erinnerungen mit Sterben und Tod wieder ins Bewusstsein gerufen. Was ich sehr schön finde, mir wurden weitere, bisher von mir nicht beachtete Erlebnisse auf zärtliche Weise bewusst. Was in dem Buch auch sehr gut hervorgeht ist die Dankbarkeit, welche meiner Meinung nach, sehr wichtig im Umgang mit Sterben und Tod ist. Es erleichtert die Trauer und das „Alleingelassen-werden".

Die Dankbarkeit ist ein Instrument des Trostes.
„Gott, ich danke dir, dass ich diesen Menschen kennenlernen durfte und mit ihm ein Stück des Weges gehen durfte. Auch wenn dieses Stück Weg, nur eine kurze Strecke war. Ich möchte das gemeinsam Erlebte nicht missen, obwohl es nicht immer leicht war." Die Begegnung mit dem Tod ist es oft, die uns veranlasst, das eigene Leben liebevoller zu leben als bisher.

Vor Jahren ist ein junges Mädchen aus unserer Pfarre gestorben. Sie war seit ihrer Kindheit krank. Es wurde ihr schon zwei Mal ein Lungenteil ein-transplantiert. Als es wieder so weit war, dass sie eine Lungentransplantation gebraucht hätte, wollte sie keine mehr. Besonders in der letzten Zeit ist sie bewusst dem Tod entgegengegangen. Sie war ein sehr liebevolles, oft zärtliches Mädchen, von Liebe durchdrungen. Als ich am Tag nach ihrem Tod davon erfahren hatte, war ich sehr erschrocken und traurig. Beim Beten „Gott, lass, meine Seele ruhig werden und still", spürte ich, dass es diesem Mädchen, das so wunderbar mit ihrem Leiden und den Mitmenschen umging, „gut geht". Einige Tage danach stellte ich mir die Frage, wo ist unsere Seele wirklich nach dem Tod? Wo ist die Seele dieses Mädchens jetzt? Plötzlich fühlte ich eine Antwort: „Sie ist in der Herrlichkeit." „Was heißt, in der Herrlichkeit?" fragte ich. Ich fühlte wieder eine Antwort: „In der Herrlichkeit Gottes!" Das machte mich sehr froh.

Ich habe vorher zum Sterben oder dem Tod, sowie das Danach noch nie das Wort „Herrlichkeit" verwendet. Daher war dieses für mich eine bedeutende Botschaft, die mir wieder einmal zeigte, dass es die Liebe ist, welche die Tür zu Gott öffnet. Und am besten praktizieren wir die Liebe bei Menschen, die unserer Hilfe bedürfen. Das sind: Babys, Alte, Invalide, Kranke und nicht zuletzt, Traurige und Trauernde. Bei mir gibt es einen Unterschied zwischen trauernden und traurigen Menschen. Trauernde haben etwas verloren, meistens einen Menschen den sie „lieb" hatten. Die Trauer vergeht wieder. Traurige Menschen haben ein seelisches Problem, wobei sie oft nicht wissen, was das Problem ist. Sie sind oft oder immer traurig. Früher nannte man es Melancholie. Mit liebevoller Einfühlung kann man diesen Menschen helfen, den Ursprung zu finden. Besonders gut kann man allerdings diese Traurigkeit mit Ablösen im Unterbewusstsein, durch eine weiterentwickelte Kinesiologie „bearbeiten" (heilen darf ich es als Humanenergetikerin nicht nennen, den Ausdruck dürfen nur Ärzte verwenden). Diese Technik spürt die wahren Hintergründe der Traurigkeit auf und wird anschließend abgelöst. Die ständige Trauer verschwindet. Ich habe damit schon wahre Wunder erlebt, einschließlich bei mir selber. Der Grund meiner Öfteren Traurigkeit, war mein ungeborener Zwillingsbruder.

Fasching und Passion

Wie nahe Fasching und Passion beieinander liegen, können wir jedes Jahr erleben. Ebenso nahestehen in unserem Leben Ausgelassenheit und Trauer. Heute noch glückselig, können wir jederzeit von Leid und Trauer überwältigt werden. Es gibt Menschen, welche noch beim Glücklichsein schon Angst vor dem Leid haben. Das sollte aber nicht so sein, das ist ganz sicher nicht der Sinn der Fröhlichkeit, aber auch nicht der Sinn von Leid. Ich denke, in der Zeit der Fröhlichkeit und des Glückes haben wir Gelegenheit, unsere Kräfte aufzutanken. Fröhliche Menschen ertragen Leid, in welcher Form auch immer, nicht leichter als andere Menschen, aber auf jeden Fall besser als andere Menschen. Mit fröhlichen Menschen meine ich allerdings nicht ausgelassene und zügellose Menschen. Von fröhlichen Menschen sagt man oft, sie hätten Sonne im Herzen. Wenn wir nun den Faden weiter spinnen, Sonne ist Licht, und Licht ist Gott, dann werden wir wahr-nehmen können, dass wir nie alleine sind, und „geteiltes Leid ist halbes Leid". Das sagt sich so leicht, werden manche von Ihnen denken. Wenn Sie sich aber darauf einlassen, wird ganz sicher alles besser zu er-tragen sein. Es kommt auf Ihren Versuch an. Wenn wir uns mit dem Tod und der Trauer auseinandersetzen, setzen wir uns mit einem bewussteren Leben im Alltag auseinander. Daher geht es in den Gesprächen welche ich mit Trauernden oder anderen Menschen führe, immer wieder um Themen, welche uns dazu dienen, leichter in uns zu hören und dadurch besser mit dem Leben umgehen zu können. Somit wächst unser Selbstbewusstsein, Selbstvertrauen und Selbstwert-gefühl mehr und mehr.

Eine Frau sagte kürzlich: "Mein Leben ist sinnlos, ich habe meine ganze Familie verloren." Nach einigen Gesprächen konnte ich aber wahrnehmen, dass sich am Horizont ihres Lebens schon ein heller Streifen zeigt und zwar, die Freundschaft mit einer Frau, welche selber unter dem Verlust ihres Partners sehr litt. Gespräche mit Menschen, welche sie in ihrer Trauer verstehen und ernst nehmen, sind der Anfang. Ich glaube, es ist für jeden Menschen wertvoller, sich mit seiner Trauer zu beschäftigen und sich mit ihr auseinander zu setzen, als sie zu verdrängen, zu übergehen, zuzudecken oder zu überspielen. Sich damit auseinander zu setzen, bedarf von Anfang an schon einer Größe. Aber vor allem ist Trauerarbeit eine Chance, um die eigene Vergangenheit zu verarbeiten und in eine lichtere Zukunft sehen zu können. Ich finde es völlig falsch den Verlust-Schmerz mit einem neuen Partner zuzudecken oder sich zu schnell ins Vergnügen zu stürzen. Einmal kommt der Schmerz wieder zu Tage und wenn es erst am Totenbett ist, da kann es aber auch zu spät dafür sein, um ihn aufzuarbeiten. Ob dieser Zustand dann das Fegefeuer bedeutet?

Wenn Sie sich mit der Trauer auseinandersetzen, und ich nehme an, das haben Sie vor, sonst hätten Sie dieses Buch nicht gekauft, werden Sie erleben können, dass nicht das bewusste Getränk Flügel verleiht, sondern das gefundene Selbst-Vertrauen.

Unsere trauernden Kinder

Eine junge Frau erzählte mir über den Tod ihrer Schwester. Sie war damals erst 15 Jahre alt und ihr Bruder 17. Sie waren beide sehr traurig über den Tod ihrer Schwester, doch niemand hat mit ihnen darüber gesprochen. Auch die Eltern hatten sie nicht in ihre Trauer einbezogen. Wenn jemand angerufen hatte und die besagte junge Frau oder ihr Bruder waren am Apparat, hat niemand gefragt: „Wie geht es dir?" Alle haben gefragt: „Wie geht es deiner Mutter?" Dabei haben die beiden genauso darunter gelitten, wie ihre Eltern. Bei meinen beiden Töchtern bin ich überzeugt, dass es so wäre. Würde eine von beiden sterben, wäre ihre Trauer und ihr Abschiedsschmerz genauso schlimm wie meiner.

Trauer ist Abschiedsschmerz – und seelische Schmerzen können oft heftiger sein als körperliche. Kinder sind noch feinfühlender als Erwachsene, daher leiden sie vielleicht noch intensiver. Es kommt noch hinzu, dass sie auch den Schmerz der Eltern fühlen. Das heißt, sie trauern nicht nur um das Geschwister, sie sind noch dazu traurig, weil es den Eltern schlecht geht. Und was auch wichtig ist, den Kindern fehlt durch die traurigen Eltern deren Zuwendung. Wir wissen alle, wenn wir traurig sind, sind wir viel mehr mit uns selber beschäftigt.

Diese Situation erfahren oft auch Kinder, wenn ein Geschwister im Krankenhaus ist oder eine schwere Krankheit hat. Dabei bin ich überzeugt, würden Eltern ihre Kinder mehr einbeziehen, wäre es für alle davon Betroffenen eine Therapie. Kinder können Dinge beim Namen nennen, wodurch Bewusstseinsarbeit geschieht, die wiederum Schmerzen lindern kann. Kinder sind oft unsere Lehrmeister. Wir müssen nur offen sein für sie und ihre Meinungen ernst nehmen. Ich habe von meinen Kindern viel gelernt.

Tod eines Kleinkindes.

Kürzlich kam ein Ehepaar, deren vierjähriger Sohn verunglückte, für ein Trauergespräch zu mir. Die erste Frage, welche mir die Eltern stellten, war jene nach dem Sinn des Todes.

Ich kann natürlich die Trauer nicht mit einem Satz wegwischen, aber ich kann bei der Trauerbewältigung beistehen.

So vieles spricht für mich dafür, dass Gott aus Liebe dieses kleine Kerlchen zu sich geholt hat. Dieser Junge darf ganz sicher Gottes Nähe spüren, da er doch nichts Böses angestellt haben kann. Gottes Nähe zu spüren, ist meiner Meinung nach, das Höchste was wir Lebenden uns vorstellen können. Diesem kleinen Menschenkind wird jedes Leid, dass das Leben mit sich bringt, erspart. Er muss keinen seelischen und keinen körperlichen Schmerz ertragen. Er muss nicht miterleben, wie unsere Erde langsam zugrunde gerichtet wird. Wie sich Menschen gegenseitig durch Kriege und Kämpfe abschlachten. Heute oder morgen wird unsere Erde von Atomstrahlen verseucht sein, doch dieser kleine Junge muss das nicht mehr erleben.

Ich kann mir aber auch vorstellen, dass er durch seine Unschuld, das Leid in der Welt lindern kann.
Alle Freude die er in diesem Leben erfahren hätte können, wird, unbeschreiblich wie die Ewigkeit - die ja auch nicht beschrieben werden kann - durch diesen Zustand, den wir Himmel nennen, vergolten.
Zurück bleiben die trauernden Eltern.
Sie haben aus Liebe (heute muss man keine Kinder haben, wenn sie nicht gewollt sind) diesen Kleinen in die Welt gesetzt, in der Hoffnung, durch ihn noch viel Freude zu erleben.

Bei meinen beiden Töchtern betete ich als sie noch Babys waren hundert Mal am Tag: „Lieber Gott, lasse die Zeit langsam vergehen, damit sie noch lange so winzig klein und auf mich angewiesen sind."

Für mich als Mutter war es wunderbar, auf die Bedürfnisse dieses kleinen Wesens einzugehen. Dieser Winzling kann von der ersten Minute seine Bedürfnisse mitteilen und hat auch schon einen eigenen Willen.

Es hat mich tief berührt, wie viel Verantwortung mir Gott mit diesem Kind in die Hand gegeben hat. Wenn ich es nicht füttere, wird es verhungern. Wenn ich es nicht trockenlege, wird es bald krank werden. Es war kein Machtgefühl, es war Dankbarkeit und Liebe.

Nun bleibt die Frage, warum schenkt mir Gott dieses Kind, wenn er es mir wieder weg nimmt?

Ich habe es schon erlebt, dass Eltern sich an dem Strohhalm: „Gott ließ uns wenigstens für einige Jahre das Glück mit diesem Kind erleben", aufgerichtet haben.

Dass es dem Verstorbenen im Jenseits besser geht als im Diesseits, ist auch beim Verlust erwachsener Angehöriger sehr oft ein Trost oder eine Beruhigung.

Die Trauer sollten wir aber auf keinen Fall unterdrücken oder verdrängen. Sie ist für die Lebenden, wie auch für die Verstorbenen, ein sehr wertvoller Vorgang. Für mich als Begleiterin ist es wichtig, in den oder die Trauernden hinein-zu-hören oder noch besser hinein-zu-fühlen - was brauchen sie jetzt in diesem Moment - in einer Stunde kann es schon wieder ganz anders sein.

Dankbarkeit hilft in der Trauer

Ich bin der Meinung, jede Krise im Leben wird durch einen Verlust ausgelöst. Auch von Angst vor Verlust. Das kann der Verlust von Ansehen oder finanzieller Verlust sein. Verlust des Selbstwertgefühls ist oft gleichlaufend mit anderen Verlusten. Der Verlust des Elternhauses, der Heimat, der Arbeitsstelle oder sonst einem örtlichen Verlust. Der Verlust von Eltern, eines Partners oder eines Kindes. Der Verlust von Personen kann durch Streit, Tod oder „nur" durch ausziehen aus dem elterlichen Haushalt oder einer Wohngemeinschaft sein. Verlust der Arbeit ist zur Zeit ein großes Thema.

Oft höre ich, dass jemand sagt, „Na ja, das war eine Trennung durch Scheidung, das ist doch nicht so schlimm als wenn ein Partner stirbt." Ich habe da eine andere Meinung. Ich würde Gott danken, hätte ich den Partner durch Tod verloren. Da könnte ich achtungsvoll an ihn denken. Von den Menschen wird man bemitleidet wenn der Partner stirbt, und nicht verachtet wie bei einer Scheidung, auch wenn man sich vom Partner nicht wegen eines neuen Partners getrennt hat. Ich habe auch schon die Vergleiche gehört: „Ihr habt doch nur euer Baby verloren und seid noch jung. Da könnt ihr noch Kinder bekommen. Ich bin schon alt und kann keine Kinder mehr bekommen." Oder: „Den Partner zu verlieren ist viel schlimmer, als ein Kind zu verlieren. Meine Kinder sind erwachsen und ich bin ohne Partner einsam. Mir fehlt seine Zärtlichkeit."
Es ist vollkommen klar, das eigene Leid ist bei den meisten Menschen größer oder stärker, als das Leid anderer Menschen.

Ich habe aber auch erlebt, wie ein junges Elternpaar den Sinn des Todes ihres Kindes „durchschaut" hat. Mit dem Herzen durchschaut. Sie konnten Gott danken, dass sie mit ihrem Baby für kurze Zeit zusammen sein durften. Sie hatten die Fähigkeit, darüber glücklich zu sein, dass es ihrem Jungen jetzt so gut geht, was sie auch fühlen konnten. Schon beim ersten von zwei „Trauergesprächen" fühlte ich, wie sie über sich hinauswuchsen. Ich muss wieder sagen, wo nichts ist, ist nichts. Diese Eltern waren vorher schon großartige Menschen. Sicher war das der Grundstock für ihre überdurchschnittlich geistige Reifung. Bei einem Gespräch in der Gruppe waren ältere Damen dabei, die das nicht verstehen konnten. Sie waren der Meinung, diese beiden jungen Leute müssen unbedingt lesen. Sie konnten nicht verstehen, dass diese jungen Eltern so eine Größe haben konnten. Eine Frau mit jahrelanger Begleiter-Erfahrung und Krankenschwesternausbildung hat wohl gemerkt, dass die beiden besondere Menschen sind und wollte das „Lesen müssen" abschwächen, indem sie meinte: „Wenn, dann sollt ihr nur das lesen, was für euch richtig ist."

Ich finde, das einzig Richtige für das junge Elternpaar wäre gewesen, wenn man ihre Weisheit anerkannt und sich sogar ein Beispiel genommen hätte. Aus diesem Grunde habe ich sie zum Gruppentreffen eingeladen. Nicht allein das Alter macht weise, sondern vielmehr der Umgang mit den Erfahrungen im Leben.

Der Tod eines jeden Menschen hat Sinn. Man muss ihn nur erkennen, was sehr wenige Menschen können oder wollen. Sogar der Tod eines sehr alten Menschen hat verschiedene sinnvolle Auswirkungen auf seine Angehörigen.

Wenn ein Mensch in einer Krise, das Kind beim Namen nennt und sagen kann: „Gott, ich habe es im Moment sehr schwer oder bin traurig usw., aber ich danke dir für das viele Schöne, aber auch für das Schwere was ich erlebt habe, dann kann er Erlösung und Befreiung erfahren.

Ich erlebe es fast täglich bei mir. Ich lebe mein Leben in Fülle. Im Arbeitsbereich, in der Familie und auch ehrenamtlich gibt es oft Stress. Am Abend, wenn ich Gott den Tag darbringe, finde ich immer wieder einen Grund ihm zu danken, und wenn es nur ist, dass nichts Schlimmes passiert ist. Solange ich mit Gott hadere, dass der Tag besch...eiden war, geht es mir schlecht. Sobald ich aber denke, Gott ich danke dir, dass du nichts Schlimmes passieren hast lassen, geht es mir gut. Mir wird bewusst, dass einer von den Menschen welche ich liebe schwer krank, verunglücken oder sterben hätte können. Die Wohnung hätte ausbrennen können, das Haus einstürzen, das Auto von Fahrerflüchtigen schwer beschädigt und und und. Immer gibt es einen Grund zu danken.

Das Danken ist ein Instrument zur Heilung von Trauer oder Trennungsschmerz.

Die Seele ist es, die ewig existiert

Die meisten Menschen, bis vor dem Tod meiner Schwägerin gehörte auch ich dazu, haben bei einem Begräbnis das Gefühl: „Der Mensch, den ich lieb hatte, wird in die Erde vergraben" und das tut weh. Sein Körper verfault und wird von Würmern aufgefressen. Mit dreißig Jahren wäre ich fast daran zerbrochen, da ich noch dazu der Meinung war, die Schuld am Tod dieses Menschen zu tragen. In der Zeit der Trauer um meine Schwägerin, fühlte ich Moos aus meinem Körper wachsen - und das mit offenen Augen, während des Tages, mit einem angenehmen körperlichen Empfinden. Nur, wenn ich bewusst den Gatsch, die Spinnen und Würmer, von denen ich das Gefühl hatte, dass sie über meinen Körper krochen abstreifen wollte, ekelte ich mich entsetzlich. Einmal spürte ich einen Schmerz zwischen den Rippen und dachte mit einer Selbstverständlichkeit, wird das eine Tulpe oder ein Krokus? Jetzt bin ich wirklich geistesgestört war mein nächster Gedanke. Einige Begleiter der Arbeitsgemeinschaft Haus des Friedens waren der Meinung, ich ließe die Trauer nicht zu, weil gerade die Schwägerin es war, die einige Jahre vorher meinem sowieso auf schwachen Beinen stehenden Eheleben den Todesstoß gab. Es war aber das Gegenteil der Fall. Das war der Grund, dass ich besonders viel und innig für sie betete. Sie war kein schlechter Mensch, sie war nur das Werkzeug Gottes.

Ich lasse diesem Phänomen ein halbes Jahr Zeit, versprach ich den Begleiterkolleginnen und -kollegen damals. Wenn es bis dahin nicht besser wird, werde ich mich an einen uns nahestehenden Psychologen wenden, damit er mir hilft. Im Gebet und in der Meditation wurde mir aber nach einiger Zeit bewusst, was Gott mir zeigen wollte: Staub zu Staub und Asche zu Asche - es tut nicht weh. Im Gegenteil, es bewirkt ein angenehmes seelisches Gefühl, weil wir wieder, so wie Gott es für uns bestimmt hat, zu unserem Ursprung zurückkehren. Nicht um den Körper sollen wir uns sorgen, die Seele ist es, die ewig existiert.

Abschied nehmen auf Distanz

Ich glaube es ist an der Zeit, dass wir mit Trauerfeiern und Abschiednehmen - auf Distanz - aufräumen. Durch das schnelle „Abtransportieren" in die Aufbahrungshalle, wird den Hinterbliebenen die Zeit zum Abschiednehmen und miteinander sterben, gestohlen. Der Verlust der Totenwache im Kreise der Angehörigen, Freunde und Nachbarn, mit Gebeten, Gesprächen und Liedern, macht den noch Lebenden Angst vor dem Sterben.

Das Abschiednehmen in der Aufbahrungshalle ist unnatürlich, steril und lieblos. Da muss man ja das Gefühl bekommen, sterben heißt - einsam sein. Wir wollen uns doch in der Geborgenheit unserer Lieben wissen.

Manche Menschen haben einen Ausweg gefunden, mit dem Tod wieder natürlich wie vor vielen Jahren umzugehen. Eine Frau erzählte mir einmal, sie sei zum Begräbnis einer Freundin eingeladen. Nach der Beerdigung war vorgesehen, in einem Lokal mit einem Glas Sekt auf die Verstorbene anzustoßen.

Seit einigen Jahren ist mir schon bewusst, wie wertvoll Rituale bei Verstorbenen sind - ich glaube - nicht nur für die Toten.

Rituale lösen Emotionen aus und sind Ausdruck von Gefühlen. Es werden Energien frei, die, sind sie mit Liebe behaftet, allen zum Segen werden. Ich betone dies, weil es auch negativ besetzte Rituale, wie „schwarze Messen" gibt, die jedoch das Gegenteil bewirken.

In den letzten Jahren hat sich der Brauch statt Blumen und Kränze, Geld zum Begräbnis mitzubringen sehr verbreitet. War ich früher der Meinung, damit ist Gott und der Welt besser gedient, bin ich seit 1995 anderer

Auffassung. Mit einem Gleichnis möchte ich darstellen, was ich meine. Wenn Sie die Augen schließen und sich einen hundert-Euro-Schein vorstellen, was fühlen Sie? Nun stellen Sie sich vor, eine oder viele Blumen zu sehen - Rosen, Nelken, Sonnenblumen, oder irgendwelche andere Blumen, welche Sie nur möchten, was fühlen Sie dabei? Wenn es Ihnen so geht wie mir, öffnet sich Ihre Seele ganz weit beim Anblick der Blumen. Die Liebe kann ungehindert aus der Seele strömen. Der Geldschein bringt höchstens unsere Gier oder unseren Egoismus zum Fließen. Jene Gefühle können nichts Göttliches bewirken. Das Jenseits ist aber noch intensiver mit Gott verbunden als das Leben.

Dr. med. Raymond Moody schreibt in: „Leben nach dem Tod", dass man ca. 4.000 Jahre alte Gräber gefunden hat, in denen der Leichnam auf Blumen gebetet und mit Blumen bedeckt war. 1995 habe ich erfahren, wie wertvoll Menschen und Blumen beim Begräbnis sind. Vielleicht sind unsere liebevollen Gefühle, die durch die Menge von Menschen verstärkt wirken, die Flügel die den Verstorbenen in den „Himmel" tragen. Wobei der Himmel kein Ort ist und die Flügel nicht (er)fassbar sind. Meine weitere Überlegung ist: „Sind Verstorbene, die von wenig Menschen oder von gar niemandem zum Grab geleitet werden, benachteiligt?" Ich glaube in gewisser Hinsicht schon. Nämlich, wenn es deswegen ist, weil der Verstorbene nicht ge- und nicht beliebt war. Das heißt für mich, dass er selber mit der Liebe sparsam umging. In weiterer Folge auch wenig Liebe ernten wird, die ihm das Tor zum Himmelreich öffnen würde.

Nun bin ich wieder beim Sekt angelangt. Ich trinke wenig Alkohol, doch zu besonderen Anlässen ein Gläschen Sekt zu trinken, finde ich wunderbar. Diese Hochstimmung beim Begräbnis kann sicher auch die Seele des Verstorbenen ergreifen.

Dass die Zurückgebliebenen trauern, ist dadurch nicht ausgeschlossen, soll es ja auch nicht. Das Begräbnis ist ein Teil des Abschiednehmens, der Trauerbewältigung für jene, denen der Verstorbene fehlt.

Allerheiligen

Auch Allerheiligen hat mit Liebe zu tun. Vielleicht gehen manche Menschen aus Pflichtgefühl zu Allerheiligen auf den Friedhof, aber ich glaube, die meisten tun es aus Liebe zu den Verstorbenen. Bei unserer Gesprächsrunde: „10 Ratschläge eines Sterbenden" haben wir uns auch über den Sinn des Grabbesuches, der Seelenmesse und des Gebetes auseinandergesetzt. Wir waren verschiedener Meinung, ob wir damit den Verstorbenen nützen oder uns selber. Jede der Meinungen ist für mich vorstellbar, obwohl sich manche widersprechen.

Ein zurzeit sehr aktiver Theologe, dessen Namen ich nicht nennen möchte, hat mit seiner Meinung bei einem Menschen große Enttäuschung und Verwirrung verursacht. Es ist einige Jahre her, als mich ein Mann aus unserer Pfarre dessen Frau kurz vorher gestorben war, um ein Gespräch bat. Er erzählte mir, dass er sich einen Vortrag mit obigem Theologen angehört hatte. Dieser Theologe sagte Grabbesuche, Seelenmessen und Gebete, sind für die Verstorbenen nutzlos. Sie helfen nur uns, aber nicht den Verstorbenen. Ich glaube dieser Theologe hat bis zu einem gewissen Grad Recht. Beobachten wir uns doch selber.
Für mich ist ein Friedhof ein Stück Heimat. Ein Platz des Friedens, der Geborgenheit, der Ruhe. Gebet oder Meditation am Grab hat für mich eine andere Qualität wie allein zu Hause oder in der Gemeinschaft wie z.B. beim Gottesdienst etc. Ob sie es nun glauben oder nicht, wo immer ich wohnte, fühlte ich mich erst zu Hause, wenn jemand, den ich gern hatte, verstorben war und ich dadurch am Friedhof einen Platz hatte, wo ich stellvertretend für alle meine Verstorbenen am Grab stehen durfte. So war es auch da, wo ich jetzt wohne. Ich fühle mich erst, seit ein mir nahestehender Mensch auf dem Friedhof der Pfarre begraben ist, hierher gehörend. Dieser Verstorbene hatte mich öfter besucht,

weil wir aus einem Ort kommen und seine Familie ihn nicht ernst genommen hat, ich ihm aber zuhörte und Trost vermitteln konnte. Genau zwei Wochen, bevor er starb, rief er mich an und „verabschiedete" sich von mir. Wir wussten beide zu diesem Zeitpunkt nicht, dass er vierzehn Tage danach tot sein wird. Er verstarb an Herzversagen. Ich besuchte anfangs öfter sein Grab. Nach durchlebter Trauer nur zu besonderen Anlässen wie zum Beispiel Allerheiligen. Da seine Familie an diesem Tag immer in unserem Heimatort am Friedhof ist, kann ich dieses Grab noch besser als „das Grab meiner Verstorbenen" betrachten. Lange nach dem Tod dieses Bekannten stand ich betend am Grab und merkte auf einmal, wie mir die Tränen über das Gesicht rannen. Das Grab liegt am Rande des Friedhofes und ich blicke immer über das Grab in den Himmel, weil für mich die Seelen der Verstorbenen in der Weite des Firmaments schweben. Als ich in mich fühlte, warum mir die Tränen über das Gesicht kollern, wurde mir bewusst, ich war traurig, weil ich dort sein wollte, wo „der Verstorbene" jetzt schon ist.

In unserer Pfarre wird am Allerseelenabend ein Requiem für die im letzten Jahr verstorbenen der Pfarre gefeiert. Die Verstorbenen werden namentlich vorgelesen. Vor einigen Jahren hat sich der Pfarrer das erste Mal verständlich ausgedrückt, dass unsere Verstorbenen, die wir liebten, wenn sie nicht in unserer Pfarrgemeinde wohnten, ausgeschlossen waren. Ich finde das sehr schade, weil mir in den letzten fünfzehn Jahren einige Menschen, die ich sehr lieb hatte, weit weg von hier begraben wurden. Die Verlesung ihrer Namen in der Gemeinschaft waren für mich jedoch eine große Hilfe zur Trauerbewältigung. Mir war es ja nicht möglich z.B. nach Syrien zu fahren, um Abschied zu nehmen. Ich glaube, die Gefühle kennen keine Grenzen, doch ein persönliches Abschiednehmen ermöglicht eine leichtere Trauerbewältigung. Ich habe nachgedacht, wenn in unserer Pfarre mehr Menschen so denken würden wie ich, wären es vielleicht jährlich zehn Namen mehr, die zusätzlich zu den „Ansässigen" der Pfarre gelesen werden würden. Für mich war das auch ein Ersatz für das „Begräbnis", bei dem ich nicht dabei sein konnte.

Aber das sind die Fehler, die durch „Männer in der Kirche" gemacht werden. Entscheidungen zu treffen, ohne Gott zu fragen, was IHM DIENLICH ist. Ich habe das Gefühl, Gott ist besser gedient, wenn einige Namen mehr aufgezählt werden. Das sind einige Minuten mehr Zeit, in der viel Liebe fließt. Nachdem Gott die Liebe ist, ist es für mich sonnenklar, was IHM dienlich ist. Anstatt gerade von der Kirche das Sterben wieder intensiver ins Leben zu holen, wird es noch mehr verdrängt. Das Sterben bleibt trotzdem die Krone des Lebens und deshalb sollte auch der Umgang mit Sterben und Tod entsprechend gelebt werden.

Wenn ich nun das hier geschriebene betrachte, ging es immer wieder um mein Seelenheil. Ob ich den Verstorbenen zu ihrer Seligkeit verhelfen oder zumindest dazu beitragen konnte, weiß ich wahrscheinlich erst, wenn ich dort bin, was wir Christen „Himmel" nennen.

Friedhöfe faszinieren mich schon seit meiner Kindheit. Ich weiß nicht warum. Wegen der vielen schönen Blumen kann es wohl nicht sein, weil mich Friedhöfe in denen es keine oder nur wenig Blumen gibt, noch mehr ansprechen. So z.B. der Friedhof der Namenlosen an der Donau beim Alberner Hafen in Wien, der nur für fremde bzw. unbekannte ertrunkene Menschen angelegt wurde. Also legt niemand außer dem Totengräber, Blumen auf die Gräber. Auf dem Weg zum Kahlenberg, ist wohl der kleinste Wiener Friedhof und der St. Marxer der berühmteste, durch das Grab von Mozart. Als ich zwölf war, besuchte ich den Touristenfriedhof in Johnsbach bei Admont. Die restliche Reisegesellschaft (außer mir aus lauter erwachsenen Leuten bestehend) saß beim Essen und ich suchte mir den Friedhof von dem ich damals schon gehört hatte. Friedhöfe in den hochgelegen Orten wie z.B. Heiligenblut, Goldegg in Salzburg oder Ginzling im Zillertal etc. ziehen mich immer wieder an.

Es war daher auch selbstverständlich, dass ich, als ich eine Reise durch die Wüste machte, den Beduinenfriedhof schon von Weitem bemerkte und ihn als solchen erkannte noch bevor es der Reiseleiter erklärte. Beduinen begraben normalerweise ihre Toten dort, wo sie gestorben sind. Es wird ein Stock in den Sand oder das Gestein gesteckt und ein Rock des Toten darüber gehängt. Diesen darf sich der nächste Vorbeiziehende mitnehmen, oder noch Bedürftigeren überlassen.

In Ungarn, in der Nähe der rumänischen Grenze, ist eine Grabstätte mit lauter Holzpfählen. Laut Aussage von Einheimischen, stammen sie aus der Türkenbelagerung. Auf anderen ungarischen Friedhöfen kann man diese aber auch vereinzelt sehen, unter anderen Grabsteinen, so wie wir sie haben. In Rom gibt es selbstverständlich einige Friedhöfe, aber einer ist ganz etwas Besonderes. Er besteht aus lauter Monumentaldenkmälern, möchte ich es nennen. In Prag ist der jüdische Friedhof mit dem Grab des berühmten Rabbi Löw, auf dem ein großer Berg von Steinen liegt. Ein Zeichen, dass dieses Grab von vielen Menschen besucht wurde. In der CSSR habe ich das erste Mal einen Urnenfriedhof in einem Gebäude gesehen. In Jugoslawien wurde ich einmal neben einer Friedhofsmauer wach, weil wir zu dritt mit einem Kombiwagen unterwegs waren und meistens unter freiem Himmel geschlafen haben. Hätten wir zwei Mädchen und ein junger Mann in der Nacht gewusst, dass hinter der Mauer ein Friedhof liegt, hätten wir sicher nicht da geschlafen. Bei einer der Reisen mit einem Wohnwagen durch Italien, schliefen wir allerdings am liebsten auf den Parkplätzen der Friedhöfe, die ich meistens kurz besuchte.

Berührt hat mich in Frankreich ein Friedhof, weil er direkt am Jakobsweg liegt. Auf den Friedhöfen in Frankreich gibt es hauptsächlich Gruften und darauf Standtafeln in allen Größen aus Marmor. In Lourdes habe ich mir solch eine Tafel gekauft und mit nach Hause genommen. In England war ich nur an einem Friedhof, doch der kam mir so vor, wie der englische Rasen, nämlich kühl und korrekt. Eben jetzt fällt mir auf, dass mir aus Deutschland kein Friedhof im Gedächtnis geblieben ist, obwohl ich schon einige Male in Deutschland war, sogar bis Helgoland. Der Soldatenfriedhof in Retz, der erst nach dem Krieg angelegt wurde, beeindruckte mich sehr. Friedhöfe in Irland sind für mich etwas ganz Aussergewöhnliches. Ich kann gar nicht genau sagen weshalb. Vielleicht sind es die keltischen Kreuze, da ich mich mit den Kelten verbunden fühle.

So unterschiedlich all die Friedhöfe sind, sie haben für mich eines gemeinsam: die Ausstrahlung.
Ich glaube, dass es die friedliche Atmosphäre ist, welche die Friedhöfe ausströmen, aber auch der Friede, den man auf einem Friedhof fühlt. Darum heißt er ja auch FRIED-Hof. Nicht umsonst gibt es immer wieder Probleme, wenn Menschen Friedhöfe verbauen wollen. Jeder Friedhof ist ein Kraftfeld. Eine besondere Energie geht von ihm aus und ich glaube, es sind die Schatten

der Seelen, die zurückbleiben, wenn die Seele ins Universum oder Himmel, wie wir Christen es nennen, aufsteigt. Obwohl ich der Meinung bin, dass bei den meisten Verstorbenen schon bevor sie begraben werden, die Seele aus ihrem Körper weicht.

Besonders bei einem verstorbenen Partner gehen Menschen aus Einsamkeit oft zum Grab des Verstorbenen und es ist üblich, wenigstens zu Allerheiligen die Gräber auf den Friedhöfen zu besuchen. Dagegen ist auch nichts einzuwenden.

Doch arm sind jene Verstorbenen, an die nur zu Allerheiligen gedacht wird. Es ist ein Zeichen, dass sie von uns nicht sehr geliebt werden oder wurden. Wie viel ärmer wären jene Toten, welche wir geliebt haben, die aber in einem Friedhof weit weg von unserem eigenen Wohnort begraben sind. Deren letzte Ruhestätte in fernen Ländern oder auf uns nicht bekannten Friedhöfen ist, wie zum Beispiel die Gefallenen - wenn Gebete oder Gedanken nur bei Gräberbesuche für unsere Verstorbenen segensreich wären.

Oft werde ich gefragt ob es wichtig ist, Verstorbene am Grab zu besuchen. Es mag herzlos klingen, aber ich glaube, für Verstorbene ist es egal, ob man am Grab an sie denkt oder bei jeder anderen Gelegenheit. Mit dem Herzen bei dem Verstorbenen zu sein, auch in weiter Entfernung von der Grabstelle, das ist es, was für die Toten, aber auch für uns, die wir noch in dieser Welt leben, wichtig ist.
Es nützt wahrscheinlich weder dem einen, noch dem anderen, wenn wir am Grab stehen, doch unser Herz ist ganz woanders. Im Gegenteil, es ist Heuchelei, wenn wir das Grab nur besuchen, weil uns die Leute kennen oder, dass es kein Gerede gibt. Das trifft auch für den Grabschmuck zu. Es ist sicher nicht richtig, wenn man wie „Hund und Katz" gelebt hat, aber das Grab wird mit

Blumen überhäuft. Womöglich noch, damit die Leute meinen, wir seien überaus wohlhabend.

Ich lasse meinen Kindern die freie Wahl, ob sie mich in einem Sarg begraben wollen oder in einer Urne. Das ist auch so, wenn ich nach dem Tod die Organe spende. Ich habe meine Töchter auch gefragt, ob sie ein Problem hätten, wenn es keine Grabstelle für mich gibt. Sie haben es beide verneint. Ich habe einen Platz in ihrem Herzen und der ist immer und überall da, meinten sie. Wenn man den Körper der Forschung überlässt gibt es kein Begräbnis, sondern eine Verabschiedung (was ich sehr wichtig finde, da die Verabschiedung auf welche Weise auch immer, für die Hinterbliebenen beim Heilungsprozess hilft) und dann ein Gemeinschaftsgrab mit mehreren Verstorbenen zusammen. Auch wenn mein Körper in einem Sarg begraben wird, möchte ich keinen pompösen Grabstein, sondern ein einfaches, schlichtes Holzkreuz. Es wäre für mich traurig, würde nur ein Grabstein zeigen, dass ich gelebt habe. Ich bin überzeugt, meine gelebte Liebe hinterlässt unaus-löschliche Spuren. Dieses Wissen tut mir sehr wohl und ist mir ein Trost für die Ewigkeit.

Es gibt viele Menschen, welche das Bedürfnis haben, das Grab der Verstorbenen oft zu besuchen. Da glaube ich, kann nur das Herz dabei sein und das ist gut so. In der Zeit sind diese Menschen den Toten oft näher als zu Hause. Das trifft meist bei Leuten zu, welche keine Erfahrung mit Kontemplation oder Meditation haben.
Für die Liebe gibt es keine Grenzen und keine Fixstellen wie ein Grab. Nur die Liebe zählt. Darum geht es beim Gräberbesuch, beim Gebet, der Kontemplation und Meditation. Um die gelebte Liebe. Die zeigt sich in der Lebenseinstellung und Lebensweise und nicht unbedingt durch eine Grabstelle oder einem Grabstein.

Einsamkeit

„Wende dich mir zu und sei mir gnädig, denn ich bin einsam und gebeugt." (Psalm 25,16)

„Ich liege wach, und ich klage, wie ein einsamer Vogel auf dem Dach." (Psalm102, 8)

Ich glaube einsam zu sein, ist weder eine Schwäche, noch eine Schande. Sich der Einsamkeit bewusst zu sein, ist für mich sogar ein Zeichen von Größe und Stärke. Erst wenn es mir bewusst ist, dass ich einsam bin, kann ich etwas dagegen unternehmen.

In jungen Jahren habe ich sehr unter Einsamkeit gelitten. Daher habe ich, als ich mich 1987 von meinem Mann trennte, nach der Trauerphase mit dem „Alleinsein" auseinander gesetzt. Obwohl ich mich von meinem Mann trennte, nicht er von mir, hatte ich unter der Trennung gelitten. Mir war jedoch bewusst, dass diese Trennung von Gott gewollt war. Ich hatte alle meine Möglichkeiten ausgeschöpft, ein gottbezogenes Leben zu führen, aber alleine schaffte ich es nicht und der Mann hatte nichts mehr dazu beigetragen. Allein war ich machtlos. Nachdem ich aber weiß, Gott lässt nichts ohne Sinn geschehen, forschte ich nach, welchen Sinn die Trennung hatte. Der Unfall ein halbes Jahr nach der Trennung, beziehungsweise, die damit verbundenen Nahtoderlebnisse, zeigten mir eindeutig, weshalb ich mich von meinem Mann trennen sollte und was Gott von mir verlangt.

Ich habe mich eingesetzt für Friede, Gerechtigkeit, Bewahrung der Schöpfung und der Menschenwürde und war nicht mehr einsam. Mit diesen Aktivitäten konnte ich die Zeit ausfüllen, in der ich Einsamkeit empfunden hätte.

Ich kannte einen Tierarzt der anstatt sich an den Abenden einsam zu fühlen, in seiner Praxis arbeitete. Tagsüber ging es ihm gut, da war er nicht einsam und konnte das Leben ohne Partnerin genießen.

Noch etwas gab es, weshalb ich nicht mehr einsam war. Man kann es wörtlich nehmen: „Gott schickte mir einen Freund." Diesem war ich so wertvoll, dass er die Freundschaft pflegte, obwohl ich kein sogenanntes Verhältnis mit ihm eingehen wollte. Ganz im Gegenteil, einige Jahre nach dem Beginn unsere Freundschaft, konnte ich ihn mit seiner Frau wieder vereinen. Die beiden hatten von da an eine gute Ehe geführt und waren vereint bis zum Tod meines Freundes. Dieser Freund hatte ein Boot am Neusiedler See, auf dem ich oft nach dem Gottesdienst den Sonntag verbrachte. Da er wusste, ich habe gerne Gesellschaft, lud er öfter einige Freunde und deren Partnerinnen zum Segeln ein. Als er 2003 sehr schwer erkrankte, blieb unser freundschaftlicher Kontakt aufrecht, doch wir verbrachten nicht mehr so viel Zeit gemeinsam auf dem Boot. Da sein Interesse für Boote weiterhin bestand, fuhr ich ihn und seine Frau zur Bootsmesse nach Tulln. Als wir uns anschließend verabschiedeten sagte er sehr traurig: „Wir sehen uns jetzt so selten." Bei einem Besuch kurz vor seinem Tod, schrieb er mir auf einen Zettel, da er nicht mehr sprechen konnte: „Wir kennen uns seit 13 Jahren."

Als er starb, verabschiedete er sich mit der Melodie: „Du allein bist mein bester Freund." Ich war tief berührt.

Seit ich die „Arbeitsgemeinschaft Haus des Friedens" geleitet habe, hat sich einiges geändert. Weil ich keine Obfrau oder Obmann gefunden habe, übernahm ich von der Vereinsgründerin die Aufgaben der Obfrau, bis wir jemand anderen finden, meinte ich damals, das war 1998. (Den Verein habe ich 2014 aufgelöst.) Damit ich genug Kapazität dafür hatte, musste ich meine anderen Aktivitäten kürzen.

Einsam war ich noch oft, aber es schmerzte nicht mehr so sehr wie in jungen Jahren. Ich glaube deshalb, weil ich viel meditierte und weil ich ein Mantra gefunden hatte, das mir immer etwas in Erinnerung rief: „Lieber ein(sam), als zu zwei(t) ohne Liebe." Wenn ich mir diesen Satz sagte, bekam ich eine innere Ruhe und Gelassenheit. So denke ich, kann jeder Mensch, welcher sich nicht als Trost in Abenteuer stürzen will, etwas finden, das die Einsamkeit vertreibt oder dabei hilft, nicht darunter zu leiden. Oft genügt ein Telefongespräch und schon fällt der graue Schleier der Einsamkeit und es wird wieder hell. Ich habe mir, als ich noch nicht Obfrau war, viel Kraft durch die Begegnungen in der „Arbeitsgemeinschaft Haus des Friedens" geholt.

Es gibt auch verschiedene Meditationsübungen, um nicht an Einsamkeit zu leiden.

Seit ich das Gewerbe als Humanenergetikerin ausübe, habe ich schon bei einigen Frauen, einschließlich bei mir selber, das Gefühl der Einsamkeit abgelöst. Es ist wunderbar, nicht an Einsamkeit zu leiden.
Es ist ein Unterschied, ob man sich einsam fühlt oder ob man alleine ist. Die Einsamkeit verursacht Schmerz, das Alleinsein nicht.

Ältere Menschen welche einen Partner verloren haben, leiden oft sehr unter Einsamkeit. Es suchten mich wohl auch Frauen und Männer auf, die mit ihrer Mutter oder ihrem Vater (meist mit ihrer Mutter) jahrelang oder sogar ein Leben lang alleine gelebt haben und sich nach deren Tod einsam fühlten. In ihrer Trauerphase kamen sie eine Zeitlang in die Trauergruppe, dann aber wollten sie über Tod und Trauer nicht mehr reden.
Für jene nun Alleinstehenden, welche nicht einsam sein wollten, aber auch nicht unbedingt sofort wieder einen neuen Partner suchten, beziehungsweise, die ein Leben zu zweit geführt hatten und keinen Freundeskreis gepflegt haben, oder sie fühlten sich in ihrem alten Freundeskreis ohne Partner nicht wohl, hatten wir in der Arbeitsgemeinschaft Haus des Friedens eine

Freizeitgruppe. Es gibt aber in Wien schon sehr viele Gruppen und Möglichkeiten für seriöse Freizeitgestaltung.

Von nicht weisen Menschen wird das Gefühl gepflegt und verbreitet, „ohne Partner ist man kein vollwertiger Mensch". Das aber kommt nur auf die Person selber an, ob sie sich so fühlt oder nicht. Oder wer sich das von anderen Menschen, welche sich vielleicht so fühlen würden, wären sie ohne Partner, einreden lässt. Meine jüngere Tochter hat wohl einen Partner, aber eine Freundin von ihr sagte zu einer anderen alleinstehenden Frau: „Ohne Mann ist man halt doch nicht vollwertig." Vielleicht lebt diese Freundin deshalb seit Jahren mit einem Mann zusammen, obwohl jeder sehen kann, dass sich die beiden nicht lieben. Meine Tochter war entsetzt über die Aussage ihrer Freundin und warf in das Gespräch ein, dass sie sich ohne Partner genauso vollwertig fühlte als jetzt mit Partner.

In unserer Generation ist das noch viel schlimmer. Weil ich seit 1987 ohne Mann lebe, sagte schon 1993 eine Frau aus unserer Pfarre diesen verletzenden Satz zu mir. Sie meinte auch, dass man ohne Mann „nicht angesehen" ist. Ich fühlte mich aber nicht minderwertig, was ich ihr auch darauf erwiderte. Ich wurde von meiner Familie und im Beruf voll akzeptiert. Gar nicht zu reden von den öffentlichen Aktivitäten, wo ich sogar weltweit um meine Meinung zu verschiedenen Angelegenheiten gefragt wurde. Bei Zusammenkünften oder Konferenzen wurde ich immer zuvorkommend behandelt. Es wurde mir mehr Zuneigung entgegengebracht, als wenn ich einen Partner gehabt hätte. Von den vielen Verehrern die ich dadurch hatte, will ich gar nicht erst reden. Ich fühlte mich von vielen Menschen „angesehen".

Als ich mich 1987 von meinem Mann trennte, ging ich oft alleine in die Oper oder zu anderen kulturellen

Veranstaltungen. Mit einer anderen Frau erwirkten wir, dass die Jüdischen Festwochen fortgesetzt wurden und so weiter. Ich fuhr alleine auf Urlaub, weil ich mir zeigen wollte, dass ich auch ohne Partner Schönes erleben kann. Damals war ich halt doch erst über vierzig. In meinem jetzigen Alter schaut es schon anders aus. Ich bin müde geworden vieles alleine zu unternehmen und glaube, anderen Menschen in diesem Alter außer jenen, welche Single-Clubs besuchen und tanzen gehen, geht es auch so wie mir. Ich habe ja auch zurzeit einen Weg für ein angenehmes Leben für mich gefunden - doch wie kann ich das anderen Menschen vermitteln?

Spiritualität üben, ist eine wunderbare Hilfe um sich nicht einsam zu fühlen. Ich glaube, besonders durch die Begegnung mit Tod oder Leid, eröffnet sich uns eine neue Chance hin zum Göttlichen. Gott lässt uns aber die freie Wahl, ob wir uns auf Spiritualität einlassen, oder ob wir unser gewohntes Leben weiterführen.

Die meisten Menschen, die mich um ein Trauergespräch oder Krisengespräch ersuchen, waren vorher gehörlos, blind und lahm. Viele hatten Angst nur über den Tod zu reden geschweige denn, sich mit dem Danach auseinander zu setzen. Dabei ist es so, je mehr wir uns mit dem „Danach" beschäftigen, umso mehr können wir das Leben lieben. Lieben im Sinne von „Liebe". Es ist nicht Ausschweifung oder Begehren gemeint, sondern der liebevolle Umgang mit der Natur und allem was hier lebt und wächst. Aber auch mit dem Übersinnlichen. Damit sogar ganz besonders.

Seit ich erwachsen bin wird mir gesagt, ich hätte es leichter, weil ich „einen Glauben" habe. In letzter Zeit beantworte ich diese Feststellung mit der Aussage:
„Ich glaube an etwas, was wir Menschen normalerweise mit unseren Ohren nicht hören, mit unseren Augen nicht sehen und mit unserem Körper nicht spüren können, das

wir aber wahrnehmen. Jeder Mensch hat Wahrnehmungen, nur die wenigsten nehmen diese Wahr-
Nehmungen für wahr - für die Wahrheit. Ein Einlassen
auf Gott. Das ist sicher nicht leichter, manches Mal
sogar schwerer. Auf jeden Fall aber weit schöner, wenn
man die Ernte betrachtet." Das ist das Um und Auf vom
Glauben. Das funktioniert meistens nicht von einem
Moment auf den anderen, aber jeder von uns Menschen
kann es erlernen.
Freizeitgruppen ist auch eine Lösung, der Einsamkeit zu
entrinnen. Ein Telefongespräch mit einem Mitglied der
Arbeitsgemeinschaft Haus des Friedens bewegte etwas
in mir. So sehr, dass ich in der Nacht wach wurde, weil
mich meine eigene Stimme weckte. Ich sagte nämlich:
„Haus des Friedens - der Sonne entgegen".

Ich glaube, das ist es. Nach der Zeit des
Abschiednehmens, orientiert sich jeder neu. Was ist
dabei schöner, als wenn man der Sonne entgegen leben
kann. Friedliche, fröhliche, besonnene Unterhaltung mit
Gleichgesinnten. Gruppenspiele bei Schlechtwetter,
wandern bei schönem Wetter und vieles mehr. Nach
diesem Traumerlebnis wurde ich erinnert, dass ich vor
den „Alleingängen" vor Jahren, mit zwei anderen Frauen
eine Freizeitrunde gegründet hatte, um nicht einsam zu
sein, aber auch nicht unbedingt einen Partner dafür zu
brauchen, um das Wochenende angenehm zu gestalten.
In dieser Gruppe waren wir zeitweise über zwanzig
Personen. Ich zog mich aus der Runde zurück, da eine
Frau dabei war, von der ich wusste, dass sie kriminelle
Verbindungen pflegte. Das war noch vor der Zeit, in der
ich für Friede, Gerechtigkeit und Bewahrung der
Schöpfung und der Menschenwürde unterwegs war.
Wir hatten uns in der Freizeitrunde immer sehr gut
unterhalten. Ich hatte sie einmal zum Silvester
eingeladen. Als sie um 5 Uhr früh nach Hause fuhren,
sagten alle, dass es eine wunderbare Nacht mit 13
Frauen und Männer ohne Streit, aber mit guter Laune

war. So kann jeder eine x-beliebige Gruppe gründen. Im Internet findet man viele Gruppen mit verschiedenen Interessen.

Geschieden und wieder verheiratet

„Meine verstorbene Mutter und mein verstorbener Vater wollten nicht, dass ich mich scheiden lasse, oder, dass ich diesen Mann heiratete, oder, dass ich nach der Scheidung wieder geheiratet habe." „Meine verstorbene Tochter war geschieden und hatte wieder geheiratet, wird Gott sie deshalb verdammen?" Solche und ähnliche Sätze höre ich immer wieder bei Trauergesprächen. Daher möchte ich hier über meine eigene Meinung und persönliche Erfahrung schreiben.

„Bis dass der Tod euch scheidet!" Mit diesem Satz habe ich gewaltige Probleme, das können Sie sich sicher vorstellen, wenn sie wissen, dass ich drei Mal verheiratet war und seit 1988 ohne Partner, das heißt, auch ohne Sex lebe. Lange Zeit habe ich mich dafür geschämt, drei Mal geschieden zu sein. Oft habe ich mich gefragt: „Warum gerade ich?" Heute glaube ich zu wissen, warum gerade ich.
Die Gründe, weshalb ich drei Mal geheiratet habe, wie auch die Gründe, weshalb ich mich wieder getrennt habe, zeigen mir, dass wir Menschen nicht das Recht haben, unsere Zukunft zu bestimmen. Es ist Gott, der das letzte Wort zu sagen hat. Nur er weiß, was er mit uns vorhat. Somit habe ich wohl richtig gehandelt, indem ich Gott nie versprochen habe, bis dass der Tod uns scheidet, mit diesem Mann verheiratet zu sein.
Die 1. Eheschließung, die auch kirchlich stattfand, wurde inzwischen von der kirchlichen Institution wieder annulliert. Ich habe damals aus Gehorsam zu meinen Eltern diese Eheschließung zugelassen. Beim Anziehen des Brautkleides habe ich Gott um ein Wunder gebeten, damit ich nicht zum Altar gehen muss. Beim Gang zum

Altar dachte ich: „Wenn ich eine Pistole hätte, würde ich mich erschießen."

Ehe Nr. zwei. Wenn ich nicht so große Sehnsucht nach Kindern gehabt hätte, wäre ich ins Kloster gegangen. Also versprach ich einem Mann, der mich heiraten wollte: „Wenn ich ein Kind bekomme, heirate ich, weil es mir zeigt, dass es Gottes Wille ist." Mit Gottes Gnaden und ärztlicher Hilfe wurde ich schwanger. Inzwischen war mir aber auch klar, dass dieser Mann nicht der Richtige für mich ist. Aber versprochen ist versprochen. Beim Standesamt sagte ich zu ihm und meinem Vater (ich habe die Trauung hinausgeschoben, bis das Baby fast schon auf der Welt sein sollte): „Ich werde so lange mit ihm zusammen bleiben, solange er ein akzeptabler Vater ist. Mit jedem Tag, den ich bei ihm aushalte, schenke ich meinem Kind einen Vater." Ich war damals, als es für Frauen groß in Mode war, Kinder ohne Vater zu haben, der Meinung, für Kinder sind Mutter UND Vater wichtig. Ich habe fünf Jahre durchgehalten, bis das Risiko zu groß wurde, dass ich mit meiner Tochter obdachlos würde.
Ehe Nr. drei. Obwohl es nicht die große Liebe war, hätte ich mir mit diesem Mann ein Leben bis zum Tod vorstellen können. Doch Gott hatte ganz was anderes mit mir vor. Ich musste wie die „Goldmarie" in „Frau Holle" tief in den Brunnen fallen, um die wunderbare Wiese betreten zu dürfen und dadurch meine Berufung wirklich leben zu können.
Durch meine Partner wurde ich immer gezwungen, ihr Leben und nicht meines zu führen. Nun erlaube ich mir, nur dem Ruf Gottes zu folgen. Das ist nicht immer leicht, aber immer wieder schön. Das erklärt auch, warum ich in meinem Leben einige Male tiefes Leid erleben musste.
Ich nehme meine Eingebungen, Träume und Visionen für „die Wahrheit". Welche Einsichten ich dabei bekomme ist großartig. Besonders deswegen kann ich auch nicht verstehen, warum Menschen die von Berufs

wegen Gott besser wahrnehmen sollten als der Durchschnitt von Menschen, die in der Hast ihres Lebens Gottes Ruf überhören, solche Ansichten haben, wie einige röm. kath. Bischöfe, Kardinäle und manches Mal auch noch der jetzige Papst, obwohl er schon weitsichtiger und tiefsinniger agiert als die vorherigen Päpste.

„Bis dass der Tod uns scheidet" will ich mich bemühen, menschenwürdig und liebevoll mit dir umzugehen, auch wenn wir nicht mehr als Ehepaar leben können. Nicht Rache nehmen, wenn du mir Leid zufügst. Miteinander reden und nicht gegeneinander arbeiten. Das gilt für beide Menschen. Einer allein wird es nie schaffen. Ich konnte durch Gespräche einige Ehen „retten". Am Ende des Gespräches sagte ich immer dazu: „Ihr müsst beide wollen, bei mir hat es nie funktioniert, denn ich war immer alleine."

Bevor ich eine Entscheidung treffe, frage ich: „Gott, wie muss ich mich entscheiden, um DIR DIENLICH zu sein". Oder: „Gott, was willst DU, dass ich tue?"
Nachdem ich diese Fragen seit meiner Kindheit stelle und nachdem ich mein jetziges Leben betrachte, bin ich der Meinung, dass dieses, der vom Willen Gottes geführte Weg war. Ich musste oft steile Felsen erklettern, fiel in Gletscherspalten, aus denen ich dachte nie mehr herauszukommen. Ich musste durch Dickicht und über Dornen gehen. Dabei wurde ich von Steinschlägen getroffen und von Dornen verletzt. Trotzdem werde ich meinen Weg dahin fortsetzen, wohin mich Gott führt. Wenn ich an mein Todesnaherlebnis denke, ist es die unendliche Seligkeit, bei der ich hoffe anzukommen.
Sollte Gott aber wollen, dass mich vorher noch ein „Königssohn" holt, weil ich sein „rechter Schuh" bin, werde ich mit ihm gehen, auch wenn es Menschen gibt, die sagen, das sei unmoralisch.

„Bis dass der Tod euch scheidet", kann heißen, bis die Zuneigung tot ist.

Nicht die Liebe, weil meiner Meinung nach, die Liebe nie stirbt. Gott ist die Liebe, die Liebe ist Gott! Und Gott ist unendlich. Ich glaube deshalb ist es uns Menschen möglich, wenn uns ein geliebter Partner stirbt, dass wir noch einmal die Liebe mit einem „neuen" Partner erleben dürfen. Wir nehmen dem verstorbenen Partner nichts weg. Ganz im Gegenteil. Durch die gelebte Liebe, leben wir Gott.

Begleitung von sterbenden Menschen war eines meiner Lebensaufgaben. Begleitung von trauernden Menschen ist immer noch eine meiner Lebensaufgaben. Hilfe für Menschen welche unter den Blockaden, die sich in ihrem Unterbewusstsein stauen abzulösen, ist meine größte Aufgabe. Mit allem, angefangen mit den Sterbenden bis hin zu den Menschen die trauern oder Blockaden abgelöst haben wollen, hatte und habe ich wunderbare Erlebnisse. Über eines davon (Frau Maria) habe ich vor etwa zwanzig Jahren im Info des HdF geschrieben.

Frau Maria

Sie hat es ihrer Familie nicht leicht gemacht, um sie zu trauern. Wahrscheinlich stehe ich deshalb vor dem Sarg in der Aufbahrungshalle mit dem Gefühl, der einzige Mensch zu sein, dem ihr Tod nahe geht.

Als ich sie vor etwa dreißig Jahren kennen lernte, hatte ich Angst vor ihr. Sie war damals meine Arbeitskollegin. Da sie aber um mehr als dreißig Jahre älter war als ich und mit meiner Chefin befreundet, war sie diejenige, die mich für meine damalige Arbeit „erzog" und das mit konsequenter Strenge. Seit meiner Geburt bin ich ein ehrgeiziger und verantwortungsbewusster Mensch. Das dürfte auch ein Grund dafür gewesen sein, dass ich am Abend vorher schon Angst vor der Arbeit am nächsten Tag hatte, dass ich wohl alles richtig mache. Mit der Zeit hatte sie mich aber lieb gewonnen, sodass sie es sogar gern gesehen hätte, wenn ich die Frau ihres Sohnes geworden wäre. Ihr einziger Sohn ist ein Jahr jünger als ich. Ich habe sehr viel von ihr gelernt.

Bis zu ihrem Tod träumte ich oft noch von ihr und unserer gemeinsamen Arbeit. Aber auch von unserer damaligen Chefin und dem Chef. Von keiner Arbeitsstelle träumte ich so oft wie von dieser. In den Jahren zwischen meinem Ausscheiden aus der Firma und der Verlegung meines Wohnsitzes in verschiedene westliche Bundesländer, hatte ich eine andere Berufslaufbahn eingeschlagen. Wir haben uns trotzdem gegenseitig manches Mal besucht oder miteinander telefoniert.

Als ich vor Jahren nach Wien zurückkam, nahm ich wieder mit ihr Kontakt auf. Zu dieser Zeit war sie schon krank und hatte viele Schmerzen - aber keine Lebensfreude mehr. Ihr Mann war gestorben, noch bevor ich von Wien weg ging. Ich besuchte sie öfter, machte mit ihr Ausflüge in den Wienerwald oder wir setzten uns in ein Café. Ihre Schwiegertochter war nicht so, wie sie sich eine Schwiegertochter gewünscht hätte.

Die vier Enkelkinder waren um drei zu viel und eine Ehefrau sollte auch in eine Arbeit gehen, wie der Mann und wie sie, Frau Maria es immer getan hatte, obwohl sie damals schon nicht sehr gesund war. Für das Reihenhaus, das ihr Sohn gekauft hatte, hat sie sehr viel Geld dazugelegt. Und trotzdem wird er es nicht schaffen, wenn die Frau nicht mitarbeitet, meinte sie immer. Der Sohn hatte Publizistik und Kommunikationswissenschaft studiert und arbeitete mit sehr gutem Gehalt in einer Bank. Er war ein sehr guter Sohn. Fast täglich rief er seine Mutter an. Oft besuchte er sie auf einen kurzen Sprung, aber er erledigte auch alles, was Frau Maria selber nicht mehr konnte. Über die Enkelkinder erzählte sie nicht viel, aber wenn, dann doch sehr lieb. Sie können ja sozusagen nichts dafür, dass sie auf der Welt sind.

Nun steht er, der Sohn meiner Frau Maria mit seiner Frau, den Kindern und einigen Verwandten vor der Tür der Aufbahrungshalle. Ich bin fast allein in der Halle. Einige Arbeitskolleginnen von Frau Maria sitzen und plaudern leise. Unsere frühere Chefin ist auch dabei, sie stellt sich zu mir und wir verharren in stiller Andacht. Viele wunderschöne Kränze sind rund um den Sarg arrangiert. Vor einigen Jahren hat mir Frau Maria das „DU-Wort" angeboten. Ich habe sie aber gebeten, mich immer noch wie bisher mit DU Ilse anzureden, ich möchte aber weiterhin Frau Maria zu ihr sagen. So habe ich sie kennen gelernt und so habe ich sie schätzen gelernt, sie soll meine FRAU MARIA bleiben, sagte ich damals zu ihr. Bis zu ihrem Tod haben wir es so gehalten. Ein halbes Jahr davor war sie im Krankenhaus Mödling. Von da brachte man sie nicht mehr nach Hause, sondern zu ihrem Sohn und seiner Familie ins Reihenhaus. Er wohnt in der Nähe von Mödling. Ich habe sie dort nicht besucht, weil ja die Familie sowieso groß ist, wo immer jemand für sie da sein konnte. Mir war es auch unangenehm mit der so eingebildeten

Schwiegertochter, wie Frau Maria sagte, näher in Kontakt zu treten, da ich eine sehr sensible Frau und auch schüchtern bin, was ich gut durch mein Temperament verdecken kann. Trotzdem habe ich mir ein eigenes Bild aus ihren Erzählungen gemacht. Außerdem wusste ich, dass Frau Maria ihre Eigenheiten hatte, die eine junge Frau von einer Schwiegermutter nicht annehmen will. Es ist ein riesengroßer Unterschied, ob man eine Kollegin ist oder eine Schwiegertochter.

Ich habe daher nur einige Male angerufen und mit Frau Maria geplaudert. Es war ja immer das Gleiche, was sie mir erzählte. Beim letzten Anruf sagte mir die Schwiegertochter von Frau Maria, dass Frau Maria seit einigen Wochen im Seniorenheim Laxenburg wäre, weil man sie im Kreise der Familie nicht mehr pflegen konnte. Worauf ich gleich zusagte, am folgenden Wochenende ins Seniorenheim zu fahren.

Am Sonntag nach dem Gottesdienst fuhr ich los. Als ich ins Seniorenheim kam, erfuhr ich, dass Frau Maria wieder ins Krankenhaus Mödling gebracht wurde. Im Krankenhaus erkannte ich den Sohn von Frau Maria schon aus der Entfernung, obwohl wir uns fast dreißig Jahre lang nicht gesehen hatten. Die Frau, die bei ihm stand, musste wohl seine Ehefrau sein, die er mir dann auch als diese vorstellte. Sie sah ganz anders aus als das Bild, das ich mir von ihr machte. Sie wirkte solide und bescheiden. Das Krankenbett stand am Gang und ich hätte Frau Maria fast nicht erkannt, so abgemagert war sie. Sie konnte schon lange Zeit nicht mehr richtig essen. Der Sohn von Frau Maria kam mir entgegen und sagte mir, dass er schon mit meiner Tochter telefonierte, die sagte ihm, dass ich auf dem Weg zu Frau Maria war. Das ist meine Mutter, oder was von ihr noch da ist, sprach er weiter. „Wie geht es ihr?", wollte ich von ihm wissen. „Sie reagiert überhaupt nicht", antwortete er, worauf ich ihn vorsichtig zur Seite schob.

Ich nahm Frau Marias Hand ganz sanft in meine. Überall hatte sie Schläuche. Mein Gesicht nahe bei ihrem, flüsterte ich halblaut und ganz zärtlich, „Frau Maria! - Frau Maria! - Frau Maria!" Nach einiger Zeit sagte sie ohne die Augen zu öffnen, „JA?!" Worauf ich weiter sprach: „Ich bin die Ilse, ich bin da." Und jetzt geschah für mich etwas Wunderbares. Mit deutlicher und fester Stimme sagte sie: „Schön dass du da bist." „Ich bleibe hier", antwortete ich. Sie fragte: „Hast du denn Zeit?" Worauf ich wieder antwortete: „Ja, ich habe viel Zeit." „Das ist schön", meinte sie. „P. ist auch da und seine Frau", „schön", antwortete sie noch einmal und war wieder weg. Ihr Sohn streichelte ihren Arm und sagte: „Mutter ich bin auch da", aber sie reagierte nicht mehr. Für mich war das die Zeit, um den beiden (P. und seiner Frau) zu sagen, dass sie weiter mit ihr sprechen sollten, auch wenn sie darauf nicht reagiert, sie hört es wahrscheinlich trotzdem. Um die Intimität zu wahren, bot ich an, ins Buffet zu gehen, bis sie wieder nach Hause fahren würden und sie mich dann wieder holen sollten. So geschah es auch. P. trug ich auf, wenn er in zirka zwei Stunden - wie er sagte - wieder komme, etwas zum Vorlesen mitzubringen, was er dann auch tat. Ich wollte die ganze Nacht bei ihr bleiben, weil ich dachte, sie würde in dieser Nacht sterben. Da wollte ich sie nicht alleine lassen.

In Abwesenheit von P. wurde sie wach, dürfte aber die Gegenwart nicht wahrgenommen haben. Immer wenn jemand vorbei kam, wollte sie haben, dass ich ihm ein Trinkgeld gebe. Einmal sagte sie, es sind schon wieder drei Leute hinein gegangen, die muss man ja fragen. Ich glaube, da war sie gerade „bei der Arbeit", denn wir hatten damals in einer Konditorei gearbeitet und die Pflicht, wenn wenig Platz war, den Gästen Plätze anzuweisen. Die Gäste waren oft noch nicht aus den Mänteln, mussten wir sie schon um ihre Wünsche fragen. Ich hielt während dieser Zeit ihre Hände und streichelte sie. Manchmal sprach ich mit beruhigender Stimme zu ihr. Wenn sie ganz unruhig war, hielt ich sachte ihren Kopf. Ich streichelte ihre Füße und Fußsohlen, bei deren Anblick ich mich wieder erinnerte, dass sie immer Probleme mit ihnen hatte.

Ihr Sohn kam nach einiger Zeit wieder. Frau Maria war inzwischen wieder eingeschlafen und P. und ich plauderten miteinander. Unsere Stimmen dürfte sie in einen ruhigen Schlaf versetzt haben. Nachdem P. und ich uns eine Zeit lang unterhalten hatten, merkte ich erst wie entspannt sie war. P. und ich hatten das Gefühl, dass Frau Maria bereit war zu sterben und dass wir sie alleine lassen konnten.

P. fuhr jeden Tag ins Krankenhaus, damit sie seine Stimme hören konnte, wenn er zu ihr sprach. Wir haben beide täglich miteinander telefoniert und vereinbarten, dass ich am Freitag wieder ins Krankenhaus fahren würde. Einmal fragte ich ihn, ob er nicht veranlassen möchte, dass man seine Mutter von den Schläuchen befreie, damit sie in Ruhe sterben könne. Diese Verantwortung wollte er aber nicht tragen. Er würde ja seine Mutter zum sofortigen Tod verurteilen, meinte er.

Wie mit P. abgesprochen, fuhr ich am folgenden Freitag ins Krankenhaus. In der Nacht davor wurde ich um 2 Uhr wach und wusste, dass JEMAND mit den Gedanken bei mir war. Ich fuhr daher nicht Freitagabend, sondern schon in der Früh ins Krankenhaus. Ich hatte auf der ganzen Fahrt das Gefühl, dass Frau Maria gerade sterben würde. Im Krankenhaus sagte man mir, Frau Maria sei um 6 Uhr 15 verstorben. Wahrscheinlich wollte man sie zur Morgentoilette wecken, aber sie war bereits tot. Sie war ganz sicher um 2 Uhr gestorben.

Obwohl ich ihr wünschte, dass sie sterben könne, spürte ich plötzlich eine Leere und tiefe Trauer. Ich weiß, sie ist jetzt gut aufgehoben und hat auch keine Schmerzen und keinen Kummer mehr. Nach dem Tod ist nichts mehr wichtig. Nur wir Hinterbliebenen, im Besonderen P. und ich, denken wieder mehr über den Tod nach. Wir beide haben uns versprochen, uns nicht aus den Augen zu verlieren. Vielleicht kann ich ihm eine Schwester ersetzen.

Durch den Einsatz für Friede hatte ich auch sehr viele Erlebnisse. Über eines davon wurde vor Kurzem durch den runden Jahrestag im Fernsehen berichtet. Ich habe damals darüber geschrieben:

Mahn - Wache

Begräbnis der vier Attentatsopfer am 13. Februar 1995 in Oberwart - Burgenland - Österreich. Ich nehme am Begräbnis teil. Das heißt, ich wohne der Messe bei, begleite die Trauernden zu den Gräbern, verabschiede mich von den Toten, die ich persönlich nie kennen gelernt habe, mit einer Handvoll Erde. Verlasse den Friedhof, nachdem ich einige Friedensfreunde begrüßt hatte und wärmte mich mit einem heißen Tee. Ich stand ja zweieinhalb Stunden in der Kälte. Ich höre mir die Kundgebung an und bin am Abend im OHO (Kulturzentrum). Um 22 Uhr fahre ich zur Mahnwache. Viele Kerzen brennen schon bei der Unglückstelle. Nach dem Fackelzug durch die Romasiedlung wird bei einem großen Lagerfeuer, denn es ist eine kältere Nacht als die Nächte davor, meditiert, anschließend leise diskutiert. Um halb vier bin ich wieder in Wien.

Bei der Meditation wird mir das Gefühl bewusst, das mich beim Begräbnis so traurig sein ließ und mir wird mein Auftrag, den ich auszuführen habe, klar.

MAHN-WACHE! Würde ich WACHEN bis zum Morgen, wäre nur der halbe Auftrag erfüllt. Ich muss MAHNEN. Mahnen - meinen Bruder, meine Schwester, meine Eltern und Euch. UM GOTTES WILLEN MACHT HALT VOR VORURTEILEN UND FREMDENHASS. Wir dürfen nicht jeden verachten, der nicht so ist wie wir. Niemanden etwas missgönnen, wenn er mehr hat wie wir, oder klüger ist wie wir. Wir müssen lernen den Anderen anzunehmen, so wie er ist. Nicht jeder Tscheche mit großem Auto ist ein Zuhälter. Seid ihr Zuhälter, weil ihr ein großes Auto habt? Seid ihr Gott, weil ihr eine eigene Firma oder einen guten Job habt? Es gäbe noch einiges aufzuzählen, was den Anfang ausmacht, wo am Ende das Attentat von Oberwart steht.

Hier könnte jeder Name stehen.

Lieber ....!

Ich möchte Dir hier auf Deine Frage, was Du Deiner Schwester als Trost sagen könntest, antworten.

Ich komme mir vor, wie ein Arzt der eine Ferndiagnose stellt. Weil ich im Gespräch durch die Aussagen, die Ausstrahlung, die Körperhaltung und den verschiedenen Tonlagen in der Stimme erfahre, wo mein Gesprächspartner leidet. Ich kann mich dann in den Gesprächspartner „hineinfühlen" und sehe aus dem Gesichtsausdruck, ob es richtig ist, wie ich mit ihm umgehe oder ob ich sofort anders reagieren muss. Ich fühle durch das Gespräch, wo der Knoten liegt und wie wir ihn gemeinsam lösen können. Wobei ich meistens meinen Gesprächspartner dahin führe, dass er selber das ausspricht, worauf es ankommt.

Es könnte sein, dass sich Zwillingsschwestern so verbunden fühlen, wie ein Ehepaar welches eins ist, auch wenn es getrennt wird.

Der Trennungsschmerz kann durch verschiedene Gründe ausgelöst werden.

Fehlt die zweite Hälfte weil ich täglich mit ihr Kontakt hatte? Oder weil ich alles mit ihr besprochen habe, sie oft umarmt und gestreichelt habe? Oder fehlt die zweite Hälfte bei Vielem das wir gemeinsam unternommen oder gemacht haben?

Oft ist es auch die Frage: „Geht es dem Menschen den ich liebte, im Jenseits auch gut?" Gibt es Schuldgefühle? Diese können auch verschiedene Ursachen haben.

Es gibt einige Möglichkeiten mit dem Verlust eines geliebten Menschen umzugehen.

Mit der Heilung der Seele oder dem Herzen funktioniert es nicht anders, wie mit der Heilung einer körperlichen Wunde oder dem „Verlust" eines Körperteiles. Es kommt darauf an, wo, wofür und wie sehr mir der Körperteil fehlt.

Es soll ein Mensch nicht vergessen werden! Es soll nur der Schmerz der Trauer erleichtert werden!

111

Ich finde die bewusst durchlebte Trauer ist sehr wertvoll für die Hinterbliebenen, aber auch für die Verstorbenen. Für die Verstorbenen, weil wir in der Zeit der Trauer besonders viel Liebesenergie senden und vielleicht ist diese: „Die Flügel für das Himmelreich" oder die Hilfe zur Befreiung, um in die „Herrlichkeit Gottes" zu gelangen. Ich drücke es immer so aus, weil ich es durch mein Nahtoderlebnis so erklären muss. Nichts auf der Welt, kann so - und dafür habe ich keinen Ausdruck - wie die „Geborgenheit Gottes" oder die „Herrlichkeit Gottes" sein. Damit wir uns nicht selber das Leben nehmen, um früher als durch den natürlichen oder gottgewollten Tod dorthin zu gelangen, sorgt schon der Selbsterhaltungstrieb, den Gott uns mitgegeben hat. Selbstmord wäre ein Abschneiden der Evolution oder ein Handeln gegen Gottes Willen. Was wieder einer besonderen Art der Trauerbewältigung bedarf.

Für die Hinterbliebenen, weil wir durch die Sendung der Liebesenergie uns selber mit Liebe füllen. „Je mehr du gibst, desto mehr hast du", sagt ein Sprichwort. Oft ändern Menschen ihre Lebensweise und gehen mit anderen Menschen würde- und liebevoller um, nachdem sie einen geliebten Angehörigen oder einen Freund verloren haben.

Bei mir war es auch so. Ich wurde von der Familie zu Härte erzogen. Schnell denkend und schlagfertig musste ich sein. Gott hat mich aber schon anders in die Welt geschickt und ich entwickelte mich immer mehr in Richtung Liebe. Als dann noch mein Kletterpartner für dessen Tod ich mich siebzehn Jahre lang schuldig fühlte, verunglückte, begann ich die Liebe zu leben. Möglichst nicht verletzen und so leben, dass jeder den ich kenne, oder ich selber jederzeit sterben kann, ohne dass ich Schuldgefühle habe. Das dürfte auch der Grund dafür gewesen sein, dass ich bei meinem Nahtoderlebnis die Geborgenheit Gottes erleben durfte. Höchstwahrscheinlich auch, um durch diese Erfahrung anderen Menschen helfen zu können.

Bis jetzt habe ich Dir aber noch nicht geschrieben, welche Möglichkeiten ich kenne um bewusst mit dem Abschied umzugehen.

Nun hast Du auch das Wort, worum es in der Trauer geht. Um den Abschied.

Ich glaube, wenn man mit einem Menschen immer liebevoll umgeht und ihn nicht verletzt, oder sich dafür entschuldigt, ist das schon als würde man diesem Menschen seine Lieblingsblume schenken.

Es wird oft gesagt, wenn jemand krank ist bevor er stirbt, hatte man Zeit sich zu verabschieden. Meiner Meinung nach kommt das ganz auf die Umstände an. Weil man sich nicht immer oder jeder ans Sterben denkt, sondern bis zuletzt Hoffnung auf Genesung hat. Die Medizin kann heute schon sehr viel und die Lebensweise unserer Generation ist eine andere, als die der Vorfahren, wo man in Großfamilien lebte. Da war der Tod ein Bestandteil des Lebens. Und für alte oder kranke Menschen, war der Tod eine Erlösung. Heute wird der Tod oft als Strafe ausgelegt. Es fängt schon bei den Ärzten an. Der Tod bedeutet oft ein Versagen der Ärzte. Früher sagte man: „Gott hat ihn heimgeholt", heute: „Warum ließen die Ärzte ihn sterben?"

Bewusst Abschiednehmen kann man, wenn man sich die Zeit dafür nimmt und Stille findet. Das kann allerdings auch während einer Tätigkeit sein, bei der man die Gedanken fließen lassen kann, um:

Erinnerungen noch einmal durchzuleben.

Mit dem Verstorbenen sprechen.
Ihm alles das sagen was unausgesprochen war,
oder was man ihm sagen möchte, wenn er noch   leben würde.

Um Verzeihung bitten, wenn es eine Verletzung gab.
Verzeihen, wenn man es bis jetzt nicht konnte.

Zur Hilfe für ein Gespräch, einen Stuhl vor sich stellen, worauf im Geiste der Verstorbene sitzt oder an dessen Stelle einen Polster etc.

Mit einem Baum oder Strauch, als Ersatz für den Menschen, welchen man verloren hat, sprechen. Dabei muss man Acht geben, dass die Größe passt, damit man sich nicht „zu klein" vorkommt.

Einen Brief schreiben, dorthin wo der Verstorbene jetzt ist.

Fotos ansehen, wenn das Verlangen danach ist, sie streicheln.
Gegenstände vom Verstorbenen betrachten, berühren.

Das Grab besuchen.

Mit anderen Angehörigen sprechen.

Mit Farben, als Balsam für die Seele umgehen.

Das heißt; malen, ansehen oder verwenden.
Ich habe zum Beispiel eine Bettwäsche, welche ich in Zeiten der Trauer, aber auch wenn ich depressiv bin, überziehe. Damit wird das Schwarz in meiner Brust zu einer anderen Farbe. Es wird in mir schöner, leichter und froher.

Ich hoffe, dass ich Dir ein bisschen helfen konnte, bin aber jederzeit für ein Gespräch für Dich da.
Mit lieben Grüßen
Ilse

Leben statt sterben

Durch meinen Beruf habe ich ein Ehepaar kennengelernt, welches ein Espresso im fünfzehnten Bezirk neu erworben hatte. Zwei fleißige Leute. Die Frau sollte das Lokal führen und der Mann war Bäcker. In seiner Freizeit schaffte er die Getränke heran und nahm der Frau die schwere Arbeit ab, da sie eine Magenoperation hinter sich hatte. Ein Sohn mit zwanzig und einer mit zehn Jahren machte die Familie komplett.

Schon nach kurzer Zeit merkten diese Leute, dass es nur „miese" Gäste gab in dieser Gegend. Der große Sohn, der im Geschäft helfen sollte, verweigerte die Mitarbeit in solcher Gesellschaft. Der Mann schämte sich, so viel Geld für ein zwielichtiges Lokal ausgegeben zu haben. Nur die Frau war der Meinung, bevor sie all das Geld verlieren, müssen sie das Geschäft weiterführen. Ich habe gefühlt, was in diesem Mann vorging und habe die Frau gewarnt. Sie solle auf ihren Mann aufpassen, der schafft das alles nicht. „Er hat ja mich" meinte sie (womit sie sich selber ansprach). Das musste ich als außenstehender Mensch akzeptieren. Ich bot ihr jedoch meine Hilfe an, wenn sie mich brauchen sollte. Keine zwei Wochen waren vergangen als sie mich anrief mit den Worten: „Was meinen sie, was passiert ist?" "Ihr Mann hat sich etwas angetan", antwortete ich gleich darauf.

Er war so verzweifelt, dass er zur Floridsdorfer Brücke fuhr, um in die Donau zu springen. Er wurde in die psychiatrische Klinik gebracht. Ich habe der Frau angeboten, wenn ihr Mann vom Krankenhaus kommt und sie den Zeitpunkt für richtig hält, solle sie sich bei mir melden. Ich werde dann mit ihrem Mann sprechen. „Ich glaube ich kann ihm helfen" sagte ich.

Sie rief mich dann auch zu sich. Es war das Ehepaar und der Vater des Mannes (dieser verstand kein Deutsch) anwesend. Ich habe gesprochen und gesprochen und gesprochen. All meine Kraft und all meine Gefühle legte ich in die Stimme. In einer Atempause warf der Vater ein paar Worte ein, die ich nicht verstand. Als ich die Frau um Übersetzung bat, erklärte sie mir, dass der Vater nicht die Worte verstehe, aber durch die Töne in meiner Stimme, sehr wohl wüsste was ich sagte. Also sprach ich weiter. Plötzlich sprach auch der Mann. Zögernd erst noch, aber er gab mir Antwort, zaghaft, müde, doch willig. Im Verlauf des Gespräches machte ich ihn liebevoll darauf aufmerksam, dass er kein Recht hätte seine Frau im Stich zu lassen. Diese hätte noch mehr Sorgen zu tragen, wenn er tot sei. Dass seine Frau auch nicht glücklich sei mit diesem Betrieb. Wenn er nicht lacht, fühlt sie sich auch unglücklich usw. Er wolle ja lachen aber er kann nicht, sagte er.

Ich weiß wie das ist. Ich musste auch einmal wieder das Lachen lernen. Meinen Kindern zuliebe habe ich es auch geschafft. Ihm erzählte ich, wie ich das angestellt habe. Der Frau habe ich das Versprechen abgenommen, dieses Lokal so schnell wie möglich zu verkaufen, auch wenn der Schaden groß sei. Dafür behält sie ihren Mann, den sie sehr lieb hatte.
Bis alles unter Dach und Fach war, besuchte mich der Mann noch einige Male. Ich gab ihm Kraft, indem ich mit ihm über meine Vergangenheit und wie ich damit umging, sprach. Ich hatte durch eine ähnliche Situation großen finanziellen Schaden erlitten. Jeder sieht mir aber an, wie glücklich ich trotzdem, oder gerade deswegen, bin.

Als dann das Geschäft verkauft war, konnte er auch wieder lachen. Gemeinsam bedankten sie sich bei mir. „Und diese hübsche Frau wollten sie einem anderen Mann überlassen?" fragte ich ihn scherzend. „Sie haben recht, das wäre unfair mir selbst gegenüber gewesen." antwortete er mir und - lachte.

Hoffnung

Dieses Wort alleine gibt mir schon Hoffnung. Manches Mal höre ich, dass dieses Wort „Hoffnung erweckt".
Was bedeutet dieses Wort? Was ist Hoffnung? Worauf hoffen wir?

Am öftesten höre ich auf diese Frage die Antworten: auf ein langes Leben, auf ein gesundes Leben, auf Freude im Leben oder auf Glück im Leben. Noch niemals bekam ich die Antworten: auf ein glückliches Sterben oder auf Seligkeit im Jenseits. Dabei muss ich lächelnd erwähnen, dass das Leben nur ein Augenblick gegenüber der Ewigkeit des Jenseits ist. Die Ewigkeit ist für uns Menschen unvorstellbar. Einmal erklärte es jemand so: „Ewigkeit stelle ich mir so vor, wie wenn ein Spatz am Großglockner sitzt und seinen Schnabel am Gestein wetzt und so lange wetzt, bis es den Großglockner nicht mehr gibt." Das ist Ewigkeit.
Statt: **Das ist Ewigkeit**, hätte ich fast geschrieben: „Das ist eine Ewigkeit".
Es gibt doch nur eine Ewigkeit, aber im Sprachgebrauch sagt man: „Das dauert eine Ewigkeit", als würde man voraussetzen, dass es mehrere Ewigkeiten gibt.

Für mich bedeutet Hoffnung, die Zusage Gottes, seine Geborgenheit erfahren zu dürfen, wenn ich ein entsprechendes Leben führe. Also setze ich alles mir mögliche daran, mein Leben nach dem Willen Gottes auszurichten. Wie ich den Willen Gottes erkenne? Ich höre in mich hinein und bin offen für Wahrnehmungen. Das heißt: „Hoffnung ist etwas Ungewisses, wobei ich mich sehne, dass sich mein Wunsch erfüllt." So als würde ich über eine Brücke gehen und hoffen, drüben gut anzukommen. Bei einem Unfall vor Jahren, durfte ich für Minuten das fühlen, wo ich hoffe, dass ich es nach dem Tod bzw. nach meinem Leben wieder erfahren darf. Weiters hoffe ich auf ein gutes Sterben. Damit meine ich, die letzte Phase meines Lebens menschenwürdig und in guter geistiger Verfassung leben zu dürfen. Ich würde mich so gerne von den Menschen die ich liebe und die mir nahestehen, verabschieden. Damit gebe ich auch ihnen die Gelegenheit sich von mir zu verabschieden.

Wahrscheinlich werden unsere Herzen dabei schwer sein - unsere Seelen traurig. Fast jeder Abschied bedeutet Schmerz. Durch das Zulassen unseres Schmerzes, womöglich in Gemeinschaft, wird sich die Chance ergeben, sich auf den neuen Anfang zu freuen. In diesem Fall: „Das Sein nach dem Tod." Ich wünsche mir, dass sich viele Menschen mit mir auf meinen Tod freuen.

Dass diese beiden Wünsche erfüllt werden, darauf hoffe ich.

Zur Beruhigung möchte ich mitteilen, dass wir heute fast schmerzfrei, auch bei schweren Krankheiten, bis zum Tod sein können.

Bewusst verabschieden

Vor Jahren schlitterte ich in eine Energielosigkeit. Mit jedem den ich darüber sprach, ob Professionisten oder Laien, ausnahmslos waren alle der Meinung, die Energielosigkeit rühre von der Begleitung her. Schon damals wusste ich, dass das nicht der Fall war, weil ich bei diversen Ausbildungen gelernt habe, die Probleme anderer Menschen nicht zu übernehmen. Ich konnte und kann mich gut schützen.

Heute weiß ich, dass damals das Burn Out von fünf Abschieden innerhalb fünfzehn Monate herrührte. Als mir das bewusst wurde dachte ich: „Ich führe ehrenamtliche Begleiter in die Thematik ein und predige dabei, dass jeder Abschied, egal ob von einem Menschen oder von etwas anderem, verarbeitet werden muss, damit wir gesund bleiben. Bei mir selber habe ich es übersehen." Zu meiner Entschuldigung – alles ging so schnell und ich war noch sehr im Arbeitsprozess der mit viel Verantwortung verbunden war. Trotzdem hätte mir das als Professionistin in der Begleitung nicht passieren dürfen.

Ich komme zurück – verarbeiten – besser noch als verarbeiten ist, sich bewusst zu verabschieden!

Ich darf mich verabschieden

Nun möchte ich mich von Ihnen verabschieden. Ich wünsche für uns beide, dass ich Ihnen einige Ansätze zur Trauerbewältigung vermitteln durfte und hoffe, dass ich damit den Schmerz Ihrer Trauer lindern konnte. Aber auch, dass sie durch Ihre Trauer wahrnehmen können, was der Sinn Ihres Lebens ist. Sie werden dadurch aus der Trauer aufsteigen wie eine Friedenstaube. Sie werden in Ihrem Herzen Frieden finden.

Sollten Sie meine Dienste benötigen, melden Sie sich per eMail bei mir.

Ich wünsche Ihnen alles Liebe und Gute, sowie Gottes Segen.

Ihre Ilse Jedlicka

Autorin

Als Tochter eines Kaufmannes habe ich den Beruf als Einzelhandelskauffrau erlernt. Zehn Jahre später, schon als Mutter einer Tochter in Wien lebend, holte ich die Matura nach, machte den Bilanzbuchhalterkurs und schlug die Laufbahn als Steuerberaterin ein.

Durch meine eigenen zwei Nahtoderlebnisse bei einem Herzstillstand 1988, bekam ich eine andere Einstellung zum Umgang mit Tod und Trauer. Ich bin überzeugt: „Wer liebevoll mit dem Tod umgeht, geht auch liebevoll mit dem Leben um." Daher habe ich seit 1990 Seminare, Vorträge und Vorlesungen sowie Lehrgänge an der Uni Wien und anderen einschlägigen Akademien (einschließlich einer ärztlichen Prüfung in Deutschland) besucht/absolviert, welche alle dazu dienten, Menschen aus tiefen Krisen zu begleiten.

März 1992 bin ich dem eingetragenen Verein „Arbeitsgemeinschaft Haus des Friedens" beigetreten und von 1998 bis zur Auflösung des Vereines 2014, habe ich ehrenamtlich die Position als Obfrau übernommen. „Arbeitsgemeinschaft Haus des Friedens" war eine Arbeits-Gemeinschaft für Sterbe- und Trauerbegleitung nach Elisabeth Kübler-Ross. Zweck des Vereines war die Erarbeitung, Verbreitung und praktische Anwendung der Lebensbegleitung von Sterbenden und Menschen, die sich durch einen Todesfall in einer seelischen Krise befinden.

Seit 2009 übe ich den Beruf als Humanenergetikerin aus.

Trauerbegleitung biete ich weiterhin an. Sterbende begleite ich, wenn jemand Angst vorm Tod hat. Beides nach wie vor ehrenamtlich, das heißt kostenlos.

Um Ihnen mehr oder besser zu helfen
empfehle ich Ihnen:
Meine anderen Bücher zu lesen

„Engel, Jenseitsbotschaften
und anderes Außersinnliche"
Erfahrungen einer Lebens- Sterbe- und Trauerbegleiterin

„Seelenpflege"
Meine Seele mein Ich

„Tod Krone des Lebens"
Erfahrungen meiner eigenen Nahtoderlebnisse und anschließend als Sterbebegleiterin

„Wunder Wahrnehmungen Eingebungen"
Kommunikation mit dem Universum – Jenseits – Unterbewusstsein

„Unter allen Umständen, bis dass der Tod euch scheidet"
Ehe Liebe Sexualität

Quellennachweis
Leonard Burdin: „Der Weg ins Licht"